Ilustradas

ENSAYO | **Berenice**

MARÍA PILAR QUERALT DEL HIERRO

Ilustradas

Damas y salones literarios del siglo XVIII

Berenice

www.editorialberenice.com

Primera edición: marzo de 2024

Colección Ensayo

Director editorial: Javier Ortega
Edición: María Borrás

Editorial Almuzara
Parque Logístico de Córdoba. Ctra. Palma del Río, km 4
C/8, Nave L2, nº 3. 14005, Córdoba

Impresión: Gráficas La Paz

ISBN: 978-84-10520-93-6
Depósito Legal: CO-153-2024

Impreso en España/*Printed in Spain*

In memoriam
Ramón Llobet Colomé (1953-2023),
un hombre sabio

«Siempre pensé que era la ignorancia
lo que nos hacía parecer bobas y no la ciencia»[1]
Molière (1622-1673)
Las mujeres sabias, *acto IV, escena 3*

«No deseo que las mujeres tengan poder sobre los
hombres, sino sobre sí mismas»[2]
Mary Wollstonecraft (1757-1797)
Vindicación de los derechos de la mujer

---

1 *J'ai cru jusques ici que c'était l'ignorance*
qui nous faisait les grands sots, et non pas la science.

2 *Do not wish them* [women] *to have power over men; but over themselves.*

Índice

Las preciosas ridículas. Grabado de Moreau el Joven.

Introducción

No fueron feministas en el estricto sentido de la palabra. Tampoco cortesanas ni llevaron una vida licenciosa. Las «mujeres sabias» que retrató el genio de Molière[1] en su comedia homónima[2] o que satirizó en *Les précieuses ridicules*[3] fueron, simplemente, damas burguesas o aristócratas que decidieron abrir sus salones «a la luz de la razón». Es decir, mujeres de fuerte personalidad e ideas claras que relegaron a un segundo plano la armonía de la música o el ritmo del baile y utilizaron sus elegantes estancias para el fomento del arte y de la discusión intelectual o política.

Con ello consiguieron acceder a una cultura que estaba vetada a muchas de sus congéneres, pero también alentaron el ingenio de los intelectuales y artistas de su tiempo. Una época, el llamado Siglo de las Luces, que precedió a la mayor eclosión política de la historia: la era de las revoluciones que, desde Estados Unidos y Francia, acabaría por difundir en Occidente una nueva mentali-

1 Jean-Baptiste Poquelin, «Molière» (París, 1622-1673).

2 *Les femmes savantes o Las mujeres sabias* es una comedia satírica de Molière sobre las pretensiones académicas de sus contemporáneas. Se estrenó en el Théâtre du Palais-Royal el 11 de marzo de 1672.

3 *Les précieuses ridicules* es una comedia en un acto de Molière, estrenada en París el 18 de noviembre de 1659 en el Théâtre du Petit-Bourbon.

dad. La que acabó con los privilegios señoriales, abrió parlamentos con el firme propósito de poner freno al omnímodo poder de las monarquías absolutas y concedió a la burguesía el timón de la sociedad.

Las damas ilustradas partieron de un presupuesto entonces revolucionario: la necesidad de que la mujer accediera al mundo de la cultura y tuviera voz —aunque no voto— en la sociedad. No pretendían igualarse en derechos con los hombres —eso llegaría, como lógica consecuencia, tiempo después—, sino que buscaban colaborar en la medida que les fuera posible al progreso de la sociedad y al cultivo del arte y de las letras. Asumieron así antiguas reivindicaciones como las de la *querelle des femmes* medieval que capitaneó Christine de Pizan[4] en Francia o las diatribas de María de Zayas[5] en el Siglo de Oro español exigiendo el acceso de la mujer a la educación y abrieron paso a las plumas de Mary Wollstonecraft[6] u Olympe de Gouges[7], que clamaron la necesidad de ser consideradas ciudadanas de pleno derecho. Consiguieron, en fin, que comenzaran a multiplicarse las voces en defensa de una nueva mujer que fuera, definitivamente, dueña de su propio destino.

4 Christine de Pizan (1364-1430) fue una poeta francesa considerada la primera escritora profesional de la historia.

5 María de Zayas y Sotomayor (1590-1661) fue una escritora española, autora de la serie *Novelas ejemplares*, considerada el *Decamerón* español. Lope de Vega la cita en *El laurel de Apolo* como la autora «que acobarda las más valientes plumas de nuestra España».

6 Mary Wollstonecraft (1757-1797) fue una escritora y pensadora inglesa, autora de *Vindicación de los derechos de la mujer.*

7 Olympe de Gouges (seudónimo de Marie Gouze, 1748-1793) fue una escritora y política francesa, autora de la *Declaración de los derechos de la mujer y de la ciudadana.*

Evidentemente, tales inquietudes, latentes en la mentalidad femenina desde muchos siglos atrás, no se hubieran concretado de no ser por el entorno intelectual y social propiciado por la Ilustración[8], el movimiento intelectual y político que consiguió que el siglo XVIII pasara a la posteridad política como «el Siglo de las Luces». Una auténtica revolución intelectual que, desde mediados del siglo XVII hasta fines del XVIII, nació en Inglaterra y Francia, se expandió por Europa y América e incluso se prolongó a otros países occidentales durante los primeros años del siglo XIX.

Asumiendo el legado de pensadores del siglo XVII como Descartes, Locke, Leibniz y Newton, por citar solo algunos nombres, las ideas de la Ilustración comenzaron a apuntar tímidamente en la Inglaterra de 1750. No obstante, fue en Francia donde cuajaron y elaboraron su cuerpo ideológico: el enciclopedismo. Sus principales representantes (Montesquieu, Diderot, Rousseau, Buffon, etc.) tenían en común la reverencia por el concepto de progreso y la total confianza en las posibilidades del ser humano para mejorar sus condiciones de vida mediante la racionalización de todo proceso social o político. Basaban su discurso en la existencia de una serie de derechos naturales inviolables y, por tanto, se manifestaban en mayor o menor medida contra el abuso de poder del absolutismo y la rigidez de la sociedad estamental del Antiguo Régimen.

El pensamiento ilustrado escribió, pues, su hoja de ruta en Francia, concretamente con la publicación de *Encyclopédie ou dictionnaire*

8 La Ilustración se conoció —aún con diferentes matices según el ámbito en el que se desarrolló el movimiento— como *Lumières* en Francia, *Enlightenment* en Inglaterra, *Illuminismo* en los Estados italianos y *Aufklärung* en Alemania.

raisonné des sciences, des arts et des métiers[9], un compendio de conocimientos científicos, artísticos y técnicos, publicado bajo la dirección de Diderot[10] y D'Alembert[11], donde se pretendía nada menos que organizar todo el saber universal que resultase de la memoria, la razón y la imaginación. La obra, diecisiete volúmenes de texto y once de láminas, comenzó a prepararse en 1747, se publicó entre 1751 y 1772, e incluyó un suplemento compuesto por cuatro volúmenes más de texto, uno de láminas y dos de índice general que se hizo público entre 1776 y 1780.

Los enciclopedistas franceses —y con ellos el resto de los ilustrados— se tenían por integrantes de una cierta élite social que asumía la responsabilidad de liderar la consecución de un nuevo orden de cosas al margen de tradiciones, privilegios y supersticiones. De ahí que fueran especialmente críticos con las formas religiosas usuales. Una actitud derivada posiblemente de ser los herederos de una Francia devastada por las guerras de religión[12], pero también por ser portadores de las reivindicaciones de una burguesía pujante que veía al clero como un estamento privilegiado e improductivo. En cualquier caso, lo cierto es que sus presupuestos ideológicos no tardaron en penetrar en otras capas sociales inferiores y propiciaron el clima social y político que eclosionaría en la Revolución francesa.

Como era de esperar, la labor de los enciclopedistas fue

9 *Enciclopedia o diccionario racional de ciencias, artes y oficios.*

10 Denis Diderot (1713-1784) fue un escritor y filósofo.

11 Jean Baptiste le Rond D'Alembert (1717-1783) fue un matemático y filósofo.

12 Las guerras de religión fueron una serie de enfrentamientos civiles entre católicos y protestantes (hugonotes) que tuvieron lugar en Francia durante el siglo XVI. El conflicto acabó con el ascenso al poder de Enrique IV de Borbón, quien tras convertirse al catolicismo promulgó el Edicto de Nantes en 1598, que garantizaba una cierta tolerancia religiosa. Fue su nieto, Luis XIV, quien revocó el Edicto en 1685, prohibiendo toda religión que no fuera la católica y, en consecuencia, llevando al exilio a más de doscientos mil hugonotes.

denostada por los sectores más conservadores de la sociedad francesa a causa de su tolerancia religiosa, su relativización de la moral tradicional, su postura crítica con la monarquía absoluta y su acendrada defensa de la ciencia. Un espíritu crítico que, por otra parte, no era nada nuevo. Por el contrario, ya se advertía en obras anteriores, como *De l'esprit des lois*[13], de Charles de Secondat, barón de Montesquieu (1689-1755), o *Diccionaire philosophique*[14], de Voltaire[15]. Ambos pensadores, y especialmente el primero, propugnaban la separación de poderes[16], la monarquía constitucional y la cultura como único camino para que los pueblos conquistaran un lugar en la historia. Es decir, los pensadores ilustrados no hicieron sino establecer las bases del moderno Estado de derecho gracias a su acérrima defensa del constitucionalismo.

Desde Francia, la Ilustración y su vertiente política, el despotismo ilustrado, se extendieron por toda Europa gracias, en parte, al apoyo recibido por parte de monarcas como Catalina II y Pedro I de Rusia, Federico II de Prusia, María Teresa I de Austria, Gustavo III de Suecia o José I de Portugal. Todos ellos tenían la característica común de ser reformistas y defender el lema «todo para el pueblo pero sin el pueblo». Para ello se rodearon de un equipo ministerial compuesto por eruditos ilustrados a quienes competía emprender las reformas necesarias para modernizar el Estado. El estallido de la Revolución francesa frenó bruscamente tales iniciativas que podían haber concluido en una transición no violenta entre el Antiguo y el Nuevo Régimen.

---

13 *El espíritu de las leyes* (1748).

14 *Diccionario filosófico* (1764).

15 François Marie Arouet, «Voltaire» (1694-1778), fue un escritor, historiador, filósofo y abogado.

16 El poder debía dividirse en legislativo, que debía recaer en un parlamento o congreso de diputados; ejecutivo, en manos del gobierno, y judicial, en dependencia de los tribunales de justicia.

En el caso de España, los monarcas ilustrados Fernando VI y Carlos III llevaron a cabo una fructífera labor de protección de las artes y las letras estabilizando la labor de la Real Academia de la Lengua, fundando otras instituciones como la Real Academia de la Historia o la Real Academia Nacional de Medicina y facilitando la formación de las sociedades económicas de amigos del país, desde las que se buscaba fomentar el pensamiento crítico y las investigaciones científicas y técnicas. La primera de estas fue la Sociedad Bascongada de Amigos del País, creada en Azcoitia en 1748 con la finalidad de fomentar la discusión de las matemáticas, la física, la historia, la literatura y la geografía. Por indicación del fiscal del Consejo de Castilla, Pedro Rodríguez de Campomanes, la iniciativa de la Bascongada se extendió al resto de España creando una serie de organismos similares que fueron el instrumento idóneo para consolidar el reformismo borbónico. Iniciativas que, como pasó en el resto de Europa, contaron con la oposición de los sectores más conservadores y vieron su labor interrumpida a causa del estallido revolucionario en Francia y el temor a que sus principios igualitarios y liberales arraigaran en los territorios de la corona española. Lógicamente, la metrópoli exportó el pensamiento ilustrado a Hispanoamérica, donde ya era imparable el ascenso de las élites criollas.

LA MUJER Y LA ILUSTRACIÓN

Así pues, en frase de D'Alembert, la Ilustración «lo discutió, analizó y agitó todo, desde las ciencias profanas a los fundamentos de la revelación, desde la metafísica a las materias del gusto, desde la música hasta la moral, desde las disputas escolásticas de los teólogos hasta los objetos del comercio, desde los derechos de los príncipes a los de los pueblos, desde la ley natural hasta las leyes arbitrarias de las naciones; en una palabra, desde las cuestiones que más nos atañen a las que nos interesan más débilmente». Es decir, innovó las formas de pensamiento y dio nuevas perspectivas a la sociedad. Sin embargo, pese a propugnar la universalidad de sus teorías y la igualdad de todos los seres humanos, obvió cualquier tipo de reivindicación femenina. Curiosamente, pese a la pretendida racionalización de sus presupuestos ideológicos, los ilustrados no se replantearon el papel de la mujer en la sociedad. Todo lo contrario: pretendieron que continuara desempeñando el rol tradicional de esposa, hermana, madre o hija. Su criterio es que aquellos hombres que las tuvieran a su cargo ya se encargarían de facilitarles una plácida existencia en una sociedad igualitaria y feliz.

Los enciclopedistas definían a la mujer como «la hembra del hombre» y, por tanto, le reservaban la tarea de procrear y procurar la conservación de la especie. Afirmaban, asimismo, que, según el derecho natural, la mujer era posesión del marido y como tal le incumbía la única responsabilidad de darle hijos y administrar o ejecutar las tareas del ámbito doméstico. Eso sí, debía hacerlo sin olvidar una cierta postura galante con su esposo, pero mostrándose en público discreta y virtuosa a fin de ser un ejemplo para sus congéneres. Dicho en otras palabras, los ilustrados que tanto cuestionaron la sociedad que les rodeaba hicieron oídos sordos a toda reivindicación femenina y quisieron perpetuar el reparto de roles tradicional: la mujer debía ser virtuosa y doméstica, pero nunca un ser pensante. Lógicamente, a título individual hubo excepciones, pero por lo general esa era la posición de la sociedad ilustrada. De ahí las críticas o la ironía de Molière a la hora de hablar de «mujeres sabias» o de «preciosas ridículas» y reducir el afán de las protagonistas de sus comedias por ampliar sus conocimientos a un fatuo deseo de sobresalir en sociedad.

Pero, mientras que los hombres ilustrados insistían en mantener el orden doméstico establecido, una serie de mujeres encontraron, como se ha visto, la forma de acceder a la cultura sin contrariar a sus esposos, amantes, padres o hermanos y, de este modo, sentar las bases de su incorporación a la sociedad pensante. Lo hicieron organizando en sus mansiones «tertulias literarias» o «salones», lo que les permitió —por supuesto, a aquellas mujeres que gozaban de una holgada posición económica y social— ejercer una enorme influencia sobre la élite intelectual del momento. Lo hicieron, además, haciendo valer aquellas armas que la tradición les concedía —coquetería, hospitalidad, labia, etc.— para atraer hasta sus salones a intelectuales o políticos y, paulatinamente, convencerles de su valía intelectual y de la necesidad de su presencia en ámbitos que hasta entonces les habían estado vedados.

De ahí que ni las *salonnières* del París prerrevolucionario ni las ilustres integrantes de las «juntas de damas» de las sociedades económicas de amigos del país españolas, por citar dos ejemplos concretos, puedan ser calificadas de feministas en el pleno sentido del término. Pero nadie puede negarles su afán reivindicativo ni su condición de puente entre el rol tradicional femenino y la enconada lucha que se desplegará a partir de la Revolución francesa cuando ya se reclame abiertamente la presencia pública de la mujer en la sociedad civil. Cierto que, en el siglo XIX, el triunfo de la burguesía conservadora a raíz de la caída de Napoleón y el puritanismo de la sociedad victoriana dificultaron el camino de la igualdad entre hombres y mujeres, pero la baza ilustrada fue un elemento esencial en la ardua tarea de conseguir la emancipación femenina y un nada despreciable instrumento para la independencia de Latinoamérica.

En los salones literarios, que, invariablemente, tomaban el nombre de su anfitriona se refinaba el gusto, se ampliaban saberes, se conversaba y se leía, todo con plena libertad y, en muchas ocasiones, dependiendo por supuesto de los condicionantes sociales y políticos de cada caso, superaron barreras de clase y normas sociales. En palabras de Benedetta Craveri[17], gracias a los salones y a sus anfitrionas ilustradas, la *querelle des femmes*[18] «dejó de ser coto privado de teólogos y moralistas para pasar a ser un tema de discusión pública».

Aun así, no fue un movimiento uniforme. Distantes en los modos y en los tiempos, tuvo su geografía particular. La misma que puede recorrerse en las páginas que siguen. Un viaje en compañía de sus protagonistas y con el objetivo de que sus, aquí, someras biografías proporcionen los hilos de los que tirar para desenredar el ovillo de sus vidas y alcanzar las claves de la época que les tocó vivir. Si tal propósito se logra, sin duda será más fácil valorar el largo camino que ha debido recorrer la mujer occidental hasta lograr ocupar un lugar en la historia.

---

17 Craveri, B. (2007). *La cultura de la conversación*. Siruela (p. 26).

18 *Querelle des femmes* significa «reclamación o protesta de las mujeres».

I.
Las salonnières *francesas*

Bien puede decirse que los «salones» son fruto de la inquietud social ante un mundo en transformación que dejaba entrever el fin del Antiguo Régimen. Sin embargo, también es cierto que cuentan con ilustres antecedentes, como las *cours d'amour* trovadorescas y las cortes renacentistas italianas, como las que presidieron Isabella d'Este (1474-1539) o Vittoria Colonna (1490-1575), entre otras. Incluso la relación que reinas como Margarita de Austria (1480-1530), Isabel I de Inglaterra (1533-1603), Catalina de Medici (1519-1589) o Margarita de Navarra (1492-1549) mantuvieron con los nombres señeros del arte y la literatura de su época presenta algún vínculo común con las tertulias literarias o artísticas del siglo XVIII. La gran diferencia entre unos y otros es que, mientras que en el medievo o durante el Renacimiento la iniciativa partió y se desarrolló en la corte, los salones ilustrados nacen por voluntad de los —y, especialmente, las— titulares de mansiones aristocráticas o burguesas. De ahí que al intentar bucear en sus orígenes aparezcan como antecesoras inmediatas las reuniones en las residencias privadas de los aristócratas franceses del Grand Siècle y, en concreto, el salón de Madame de Rambouillet.

LAS «PRECIOSAS» NO TAN RIDÍCULAS

Catherine de Vivonne, marquesa de Rambouillet (1588-1665), había crecido en un ambiente extremadamente culto y cosmopolita ya que su padre había sido embajador de Francia en diferentes cortes europeas. Apasionada de las artes y de la literatura, hablaba varios idiomas y se codeaba con importantes miembros de la cultura francesa del momento. No obstante, más que un propósito definido, fue una circunstancia personal lo que la llevó a convertir su casa en un núcleo de irradiación cultural. Su precaria salud le impedía mantener una activa vida social y, a fin de no quedar al margen de su círculo de amistades, comenzó a recibirlas en su domicilio al tiempo que invitaba a una serie de músicos, escritores y artistas a fin de amenizar los encuentros que acabaron por hacerse habituales de sus salones. Entre ellos se encontraban personalidades del renombre de François de Malherbe (1555-1628), iniciador de la poesía clásica en Francia; Honorat de Bueil, señor de Racan (1589-1670), su discípulo preferido y autor de pastorales dramáticas; Georges de Scudéry (1601-1667) y su hermana Madeleine de Scudéry (1607-1701), que posteriormente abriría su propio salón en abierta competencia con el de Madame de Rambouillet. Con ellos, desempeñando el papel de animador habitual de los juegos y las diversiones, se encontraba Vincent Voiture (1597-1648), el mejor representante de la poesía festiva de la época. Es más, aunque solo fuera ocasionalmente, la mayoría de los escritores señeros del momento pasaron por el salón de Rambouillet. Entre ellos el dramaturgo Pierre Corneille (1606-1684) y el clérigo e intelectual Jacques-Bénigne Bossuet (1627-1704), mentor de Luis XV y defensor de la teoría del origen divino del poder sobre la que se basaba la monarquía absoluta. No hay duda, pues, de que Madame de Rambouillet abrió su Salon Bleue («habitación azul») a la flor y nata de la sociedad de la época. Allí se conversaba, se debatía y se coqueteaba haciendo uso de una cierta galantería que, por lo general, no traspasaba nunca el límite de la palabra. Las damas integrantes recibían el nombre de *bas-bleus* («medias azules»), un término que, en Francia, siguió siendo sinónimo de mujer intelectual hasta mediados del siglo XIX.

La anfitriona no estaba sola al frente de su salón en el barrio parisino del Marais. Le acompañaba su hija Julia, duquesa de Montausier, quien consiguió atraer a una serie de mujeres de su generación, inquietas y preparadas intelectualmente, que acabaron por ejercer un auténtico magisterio en el establecimiento de las normas que regirían de ahí en adelante la lengua francesa. Preocupadas por el purismo del lenguaje, la escrupulosa observancia de las reglas de la poética y la correcta utilización de los términos, fue tal su afán por conseguir la perfección en el uso del idioma que no tardaron en caer en el amaneramiento. Se convirtieron así en las «preciosas» que ridiculizó Molière en su comedia *Les précieuses ridicules*, un calificativo que no tardó en extenderse a otros salones similares y cuyo origen radicaba en la obsesiva repetición del término *précieux* en el sentido de «excelente», un significado del que carece en francés, ya que su traducción sería «valioso» o «apreciado».

Pero, pese a la opinión del ilustre Molière, lo cierto es que no fueron tan «ridículas». El preciosismo, como se llamó al movimiento de perfeccionamiento de la lengua francesa, fue en poesía el equivalente al culteranismo español y desde los salones concurridos por las «preciosas» se contribuyó al refinamiento de los usos sociales y al correcto empleo del lenguaje. Pero lo más importante de la labor de tan cultas damas fue que los círculos aristocráticos se abrieron a los intelectuales y artistas en un momento de gran esplendor para la cultura gala al tiempo que se impulsaba definitivamente la participación de la mujer en la vida artística e intelectual. Asimismo, las conclusiones lingüísticas de los salones frecuentados por las «preciosas» fueron definitivas a la hora de redactar el *Dictionnaire de l'Académie française* (1694), el esfuerzo colectivo más importante de la historia de Francia a la hora de crear una lengua literaria pura y refinada. De hecho, la Academia Francesa fue en sus comienzos un salón más, en este caso presidido por un hombre: Valentin Conrart (1603-1675), quien, bajo la protección del cardenal Richelieu, elaboró la normativa de la Academia de la que fue secretario hasta su muerte. Es más, algunos autores creen que la preocupación del todopoderoso prelado por la posibilidad de que las reuniones en casa de Madame de Rambouillet escondieran una forma de oposición política a su persona fue lo que le impulsó en 1635 a la creación de la Academia, ya que, al ser una institución oficial, podría ser mejor controlada.

Poco después, los disturbios de las Frondas, es decir, los acontecimientos sucedidos entre 1648 y 1653 en Francia tras la guerra de los Treinta Años a causa de la crisis financiera que siguió a la contienda, las malas cosechas y la creciente pérdida de poder de la aristocracia frente a la monarquía, amenazaron seriamente la sociedad en la que habían surgido los primeros salones literarios. La inestabilidad política y social vivida en el país galo y especialmente en París acabó por dispersar a los asistentes de las reuniones del salón de Rambouillet. Algunos de sus habituales pasaron a refugiarse en el presidido por Madeleine de Scudéry, al que ya asistían nombres como Marie de Raboutin-Chantal, marquesa de Sévigné (1626-1696), Henriette de Coligny (1618-1673), condesa de La Suze, o el propio Charles de Saint-Maure, yerno de Madame de Rambouillet. Las tertulias se celebraban los sábados y en su transcurso se leía poesía, se analizaban las últimas novedades literarias o dramáticas, e incluso se llevaban a cabo entretenimientos menos intelectuales como vestir a dos maniquís con el atavío que se suponía debía ajustarse a la moda más refinada. Para comprender mejor la actividad del salón basta con nombrar una fecha: el 20 de diciembre de 1653, cuando la anfitriona respondió al obsequio de un madrigal de Valentin Conrart con otro y, a continuación, todos los asistentes, estimulados por la competencia, improvisaron otros tantos hasta conseguir que la jornada pasara a la historia como la *journée des madrigaux* («el día de los madrigales»).

Contemporáneo al salón de Madame de Scudéry fue el que mantuvo abierto Madeleine de Souvré, marquesa de Sablé (1599-1678), amiga del moralista François de La Rochefoucauld (1613-1680) y sito en el *faubourg* Saint-Jacques, en el distrito parisino de Montparnasse. La dama, por entonces, vivía retirada en unos apartamentos dependientes del convento de Port-Royal —cuna del jansenismo[19]— y las reuniones le servían para asomarse al mundo y continuar manteniendo vivo su afán de saber.

De considerable importancia fue, asimismo, el salón de Jeanne Baptiste d'Albert de Luynes, condesa de Verrue (1670-1736), antigua amante del rey Víctor Amadeo II de Saboya, frecuentado por filósofos como un joven Voltaire (1694-1778), economistas como Jean-François Melon de Pradou (1675-1738) o militares como Léon de Madaillan de Lesparre (1681-1750). También cabe citar el de Anne «Ninon» de Lenclos (1615-1795), una mujer inteligente, libre e instruida que simultaneó su condición de cortesana con la de *salonnière*. En sus tertulias se demandaba insistentemente una mayor libertad para las mujeres y la necesidad de instruir a las niñas tanto como a los varones. Entre los asistentes, en su mayoría damas, destacó una joven Françoise d'Aubigné, marquesa de Maintenon (1635-1719), que sería años más tarde amante de Luis XIV de Francia y, según algunas fuentes, su segunda esposa, puesto que, tras el fallecimiento de la

19 El jansenismo fue un movimiento religioso de la Iglesia católica iniciado por el teólogo y obispo Cornelio Jansenio (1585-1638) que derivó en una corriente política de carácter galicanista; es decir, la voluntad de la Iglesia francesa de mantener una cierta independencia ante la autoridad del papa.

reina María Teresa de Austria, el monarca habría contraído con ella un matrimonio tan morganático como secreto.

LOS SALONES ILUSTRADOS

Hacia 1730, en pleno imperio de la razón ilustrada, los salones comenzaron a convertirse en una forma habitual de hacer vida de sociedad sin traba alguna y siempre promovida por las damas de la burguesía y la aristocracia. La única norma vigente era el rígido calendario que señalaba a cada salón un día inamovible para celebrar sus tertulias. Estas podían versar sobre temas filosóficos, científicos, artísticos, literarios o políticos que debatían una serie de tertulianos asiduos y entre los que, esporádicamente, figuraba como invitado algún especialista de cualquier tema que hubiera suscitado un interés determinado.

Invariablemente, la anfitriona era quien marcaba el ritmo de la conversación y, si era el caso, moderaba la discusión e intentaba conciliar opiniones opuestas. Asimismo, era ella quien determinaba quiénes serían los asistentes. Con ello se consiguió ampliar los círculos de discusión hasta acoger en ellos en igualdad de condiciones y sin hacer distingo social alguno a intelectuales, aristócratas, artistas y burgueses de forma que, como dijo el musicólogo Antoine François de Marmontel (1816-1898) aludiendo al salón de Julie de Lespinasse, «se conformaban una serie de tertulias integradas por individuos de diversos sectores de la sociedad, pero seleccionados con tal gracia que, una vez armonizados, se comportaban como las cuerdas de un instrumento tocado con mano hábil».

De hecho, para integrarse en un salón solo se exigía un requisito: disertar con brillantez. Así, las *salonnières* francesas del siglo XVIII pudieron contar con un excelente plantel de tertulianos tanto franceses como extranjeros que acudían a París en busca de conseguir cotas de libertad de expresión y asumir los nuevos planteamientos intelectuales: Montesquieu, Fontanelle, Voltaire, D'Alambert, Diderot, Hume, Rousseau, Horace Walpole, etc. El resultado fue que, contra lo que había sucedido hasta entonces, el debate saltó de las aulas universitarias a las grandes mansiones aristocráticas o burguesas y, posteriormente, ya en pleno Romanticismo, a los cafés. En cualquier caso, lo cierto es que en los salones franceses se conformó, en palabras de Benedetta Craveri, «un espacio de libertad creado y sostenido por una mujer, radicalmente alejado de las instituciones culturales de la sociedad masculina».

MARCANDO EL PASO

Lo cierto es que, pese a contar con alguna referencia anterior en la Inglaterra del siglo XVII, las *salonnières* francesas fueron quienes marcaron la pauta a una serie de mujeres europeas y americanas que, a lo largo de los siglos XVIII y XIX, consiguieron abrir las puertas de sus casas a la discusión sobre la ciudadanía y los derechos individuales. Fueron la personalidad y la posición social y vital de estas mujeres las que imprimían y marcaban el carácter de su tertulia. No era lo mismo el salón aristocrático y ligeramente conservador de Madame du Deffand que el de Madame Geoffrin, una dama burguesa profundamente identificada con los valores filosóficos, morales y políticos de la Ilustración primero y de la Revolución después.

Así, la primera, Marie de Vichy-Chamrond, marquesa de Deffand (1697-1780), dejó cumplido testimonio de su preparación intelectual mediante un prolijo epistolario que resume y describe lo que fue el espíritu ilustrado del París del siglo XVIII.

Marie nació en la región de Borgoña, concretamente en el castillo de Chamrond, en una familia de nobles blasones, pero de escasos recursos. Una situación económica que solo mejoró cuando la joven Marie contrajo matrimonio con el marqués de Deffand, un hombre por el que nunca sintió afecto alguno y al que acabó abandonando en busca de una cotizada libertad de la que nunca había disfrutado. Hermosa y culta, tuvo numerosos amantes, se relacionó con hombres de la talla intelectual de Voltaire o Charles-Jean-François Hénault (1685-1770) y mantuvo una extensa correspondencia con el escritor e innovador arquitecto británico Horace Walpole (1717-1797). Unas cartas que bien podrían ser la exacta reproducción de lo que era por entonces una conversación de salón: cotilleos, rumores, ironía y picardía a partes iguales, repartidas entre profundas disertaciones de alto nivel intelectual. No obstante, la marquesa de Deffand no abrió su salón en la calle parisina de Saint-Dominique hasta 1749. Allí se reunían cada lunes las más privilegiadas mentes de Francia fascinadas por el *savoir faire* y la inteligencia de una anfitriona que, olvidada ya toda frivolidad, se había convertido en una respetable matrona que recibía en su salón al enciclopedista D'Alembert, al filósofo Helvétius (1715-1741) o a los pintores Louis-Michel Van Loo (1707-1771) y Claude Joseph Vernet (1714-1789). A su muerte, apenas cumplidos los 70 años, fue su sobrina Julie de Lespinasse, a quien tenía contratada como lectora, la que recogió su legado y perpetuó, desde un nuevo salón, el llamado «arte de la conversación».

El salón de Madame du Deffand encontró un duro rival en el que, en 1740, abrió Madame Geoffrin. Su tertulia fue, según Charles Augustin de Sainte-Beuve (1804-1869), «la más completa, la mejor organizada y la mejor administrada de su tiempo». La afirmación probablemente se ajusta y mucho a la realidad. No en vano es el salón que, con mayor detalle, el arte ha dejado para la posteridad gracias al magnífico cuadro *Lectura de la tragedia de Voltaire 'L'orphelin de la Chine' en el salón de Madamme*

Geoffrin en 1755, que pintó Gabriel Lemonnier (1743-1824) y que se conserva en el castillo de la Malmaison, en las inmediaciones de París. En él aparece la anfitriona rodeada de muchos de los grandes nombres que lo frecuentaron: los enciclopedistas Denis Diderot (1713-1784) y Jean le Rond d'Alembert (1717-1783), el político y científico estadounidense Benjamin Franklin (1706-1790), el historiador británico Edward Gibbon (1737-1794), el pensador Claude-Adrien Helvétius (1715-1771), los filósofos François Marie Arouet, «Voltaire» (1694-1778), y el escocés David Hume (1711-1776) o el barón de Montesquieu (1689-1755), entre otros nombres ilustres de la época. Es más, Madame Geoffrin mantuvo una larga relación epistolar con monarcas como Estanislao II Poniatowski (1732-1798), último rey de Polonia como nación independiente, Catalina II de Rusia (1729-1746), Gustavo III de Suecia (1746-1792) o la emperatriz María Teresa I de Austria (1717-1780), a quien llegó a conocer personalmente, ya que fue invitada por la soberana a viajar a Viena. Las cartas, llenas de interés, intercambiadas con tan ilustres corresponsales eran posteriormente leídas y comentadas en el salón, ya que, sistemáticamente, incluían recomendaciones de lecturas, referencias musicales o artísticas e incluso reflexiones políticas o filosóficas.

La ilustre anfitriona, Marie-Thérèse Rodet, madame Geoffrin (1699-1777) por su matrimonio, nació en París en el seno de una familia burguesa. Con solo 16 años contrajo matrimonio con François Geoffrin, un hombre acomodado gracias a su vinculación con la manufactura real de vidrio de Saint-Antoine, pero que ya había rebasado la cincuentena. Fue en su compañía que comenzó a frecuentar el salón de Madame de Tencin, una religiosa exclaustrada y madre soltera del enciclopedista Jean le Rond d'Alembert, quien, tras abandonar el convento donde había sido obligada a profesar por su familia, había abierto un salón gracias a la influencia de su amante el cardenal Guillaume

Dubois (1656-1723), ministro de Estado bajo la regencia de Felipe de Orleans. Madame de Tencin falleció poco después que el esposo de Marie-Thérèse y esta, sola y dueña de una posición económica que le garantizaba sobradamente su independencia, decidió abrir su propio salón donde acoger a los asiduos al de Madame de Tencin y con el que establecer abierta competencia con el que sostenía Madame de Deffand. Una rivalidad que continuó después con el abierto por Julie de Lespinasse.

El salón, donde reinaba la bonhomía y el orden burgués de su anfitriona, contrastaba con la displicencia aristocrática que campeaba en el de Madame Deffand, con el que compitió abiertamente durante más de 35 años. De hecho, tal rivalidad permite hoy realizar una doble lectura que va más allá del prestigio intelectual de uno u otro. Así, mientras que en las estancias de Madame Deffand la aristocracia se atrincheraba ansiosa de prolongar un determinado estilo de vida, el de Marie-Thérèse de Geoffrin era la demostración palpable de la pujanza de una burguesía ilustrada que imponía su forma de pensar, su manera de proceder y buscaba reflejar en la *Enciclopedia* el saber de su tiempo. En resumen, un grupo social que anunciaba los nuevos tiempos que se avecinaban. De hecho, fue Madame Geoffrin quien salvó la obra magna de la Ilustración, ya que, cuando en 1759 la censura y la escasez de fondos amenazaron seriamente la conclusión de la *Encyclopédie*, fue ella quien desembolsó buena parte de la cantidad necesaria para que el proyecto de Diderot y D'Alembert consiguiera llegar a buen puerto.

El salón se abría dos días por semana. Los lunes a la hora del almuerzo para acoger a artistas y posibles mecenas y los miércoles para debatir cuestiones relacionadas con la literatura. Este último día se recibía también a las personalidades extranjeras de paso por París y cuyo nivel intelectual estaba sobradamente demostrado. En ocasiones, las tertulias se alargaban hasta el punto de concluir el día con una cena a la que solo asistían los más íntimos.

Lectura de la tragedia "L'orphelin de la Chine" de Voltaire en el Salón de Madame Geoffrin por Gabriel Lemonnier (1743-1834) encargado en 1812 por Josefina Beauharnais para el castillo de la Malmaison.

Madame Geoffrin murió en su mansión de la *rue* Saint Honoré de París a los 78 años. Por entonces ya se había afianzado el salón de Jeanne Julie Éléonore de Lespinasse, más conocida como Julie de Lespinasse, una mujer cuya trayectoria personal ya parece evidenciar el futuro espíritu romántico. Hija ilegítima de un hermano de Madame Deffand, Gaspard de Vichy, conde de Chamrond, nació en Lyon en 1732. Abrió su salón en la *rue* Bellechasse de París, desde la experiencia que le concedía el haber conocido el de su tía paterna, a la que, como se ha visto, servía como lectora. Amante del español José María Pignatelli de Aragón y Gonzaga (1744-1774), convivía con D'Alembert ante el escándalo de todo París, si bien es muy probable que no les uniera más que una profunda amistad y, posiblemente, la adoración incondicional del filósofo, bastante mayor que ella. La muerte de Pignatelli a los 29 años, víctima de la tuberculosis, la hundió en la desesperación más absoluta y solo se recuperó cuando apareció en escena un joven y prometedor militar, Jacques-Antoine-Hippolyte, conde de Guibert (1743-1790), de quien se enamoró rendidamente. No obstante, por imposición de su familia, este hubo de contraer matrimonio y, despechada, Julie le envió una serie de cartas en las que le narraba su desolación y le juraba amor eterno. Cumplió su palabra. Lespinasse murió cuando solo contaba con 44 años sin dejar de proclamar su adoración por el conde de Guibert y el objeto de su amor no tardó en seguirla a la tumba. Años después, en 1809, la condesa viuda de Guibert publicó las cartas que Julie había enviado a su marido. Un completo epistolario que ha pasado a la posteridad como uno de los más hermosos de todos los tiempos y que, dada su calidad literaria, ha acabado por oscurecer el papel de Julie de Lespinasse como *salonnière* para convertirla en una de las autoras señeras de la literatura epistolar.

MADAME D'ÉPINAY: EL ARTE DE LA CORRESPONDENCIA

El 11 de marzo de 1726 nació en Valenciennes, muy cerca de París, Louise Florence Pétronille Tardieu d'Esclavelles d'Épinay, una de las mujeres más interesantes de su tiempo tanto por su condición de *salonnière*, escritora y pensadora como por las personas de las que se rodeó tanto en su vida social como en la esfera más íntima. Hija de un militar que falleció cuando ella era una adolescente, a los 21 años contrajo matrimonio con su primo Denis Joseph de La Live d'Epinay, un recaudador general de impuestos que le aseguró un cierto estatus social. No obstante, el matrimonio fracasó a causa de la vida disipada del esposo y Louise d'Epinay consiguió la separación legal en 1749. Desde ese momento, refugiada en el *château* de La Chevrette, en el valle de Montmorency, un edificio renacentista convertido en villa de recreo propiedad de su familia política, comenzó a escribir y a relacionarse con los grandes nombres de la intelectualidad de la época: Diderot, D'Alembert, D'Holbach o el escritor, pensador y naturalista Jean-Jacques Rousseau (1712-1778), con el que inició un apasionado idilio. Cuando la relación se afianzó, Louise d'Epinay habilitó para su amante un pabellón próximo al castillo donde Rousseau pudo dedicarse a escribir y donde desarrolló su pensamiento político, radical y revolucionario que tanto contribuyó al estallido de la Revolución francesa. No obstante, la idílica situación se rompió bruscamente a raíz del viaje que ambos amantes hicieron en 1755 a Ginebra, ciudad natal de Rousseau.

El motivo no fue otro que la aparición en escena de Friedrich Melchior von Grimm (1723-1807), un escritor alemán que por entonces residía en Suiza, gran amigo de Rousseau y que había conseguido un gran prestigio gracias a la publicación de su *Correspondance littéraire*, una recopilación de las cartas que intercambiaba con varios soberanos europeos a quienes daba cuenta de las principales novedades literarias, políticas e intelectuales de Francia y que, por tanto, divulgaban las ideas ilustradas más allá de las fronteras galas. De inmediato, Louise d'Epinay se sintió fascinada por la inteligencia y el saber estar del alemán. Abandonó a Rousseau y, tras residir unos años en Ginebra (1757-1759), donde mantuvo una estrecha amistad con Voltaire, se trasladó con Grimm a París, retomó su vida social y abrió las puertas de su mansión a un nuevo salón literario.

Por entonces, Grimm era muy próximo a la zarina Catalina II de Rusia, una de sus más fieles corresponsales literarias, quien en 1777 le nombró su consejero privado. En consecuencia, se instaló durante un año en San Petersburgo y, durante este tiempo, fue Madame d'Epinay quien continuó la correspondencia literaria de su amante con los monarcas europeos. Cuando Friedrich

Grimm regreso a París con la misión de adquirir obras de arte para el Hermitage, actuar como intermediario en la compra de la biblioteca de Diderot por parte de la zarina e incluso actuar como agente secreto a su servicio, la relación con Louise d'Epinay se enfrió. Perdido el interés por la vida social de la capital, la *salonnière* regresó a su retiro de La Chevrette, donde se consagró a la literatura hasta su muerte en 1783.

Por entonces ya había publicado *Lettres a mon fils*[20] (1758), *Mes moments heureux*[21] (1759) y *Les conversations d'Emily*[22] (1774), un tratado pedagógico escrito para la educación de su nieta Emilie de Belsunce, que le valió el reconocimiento de la Academia Francesa. Precisamente fue su nieta quien no solo acogió a Grimm en su vejez, sino que en 1818 se encargó de publicar *Mémoires et correspondance de Madame d'Épinay, renfermant un grand nombre de lettres indites de Grimm, de Diderot et de J.-J. Rousseau*[23], *ainsi que des details,* que Louise d'Epinay había redactado en forma novelada en sus últimos años de retiro en La Chevrette.

LOS SALONES EN TIEMPOS DE LA REVOLUCIÓN

En vísperas del estallido de la Revolución francesa en 1789, los salones perdieron parte de su espíritu literario y filosófico para cobrar aires mucho más políticos y comprometidos. Ese fue el caso del que rigió Marie-Jeanne Philipon (1754-1793), Madame Roland, muy frecuentado por los girondinos en las primeras

20 *Cartas a mis hijos.*
21 *Mis momentos felices.*
22 *Diálogos con Emily.*
23 Memorias y correspondencia secreta de Madame d'Epinay que comprenden numerosas cartas inéditas de Grimm, Diderot y J. J. Rousseau y otros documentos.

fases revolucionarias. Marie-Jeanne tuvo, junto con su marido Jean-Marie Roland de la Platiè (1734-1793), una enorme influencia en el seno de esta facción política, la más moderada entre los sectores revolucionarios. Había nacido en el humilde hogar del grabador parisino Gratien Philipon y desde niña demostró una gran afición por el estudio. Prácticamente autodidacta, su afán de saber le llevó a leer a pensadores como Montesquieu, Voltaire y Rousseau, que fueron modelando su pensamiento. Contrajo matrimonio con Jean-Marie Roland en 1781. Les separaban veinte años, pero compartían las mismas ideas políticas e iguales ansias de conocimiento, por lo que ambos formaron un tándem perfecto que influyó decisivamente en las primeras etapas revolucionarias. Recién casada, se estrenó como columnista en el *Courrier de Lyon*, el periódico más importante de la ciudad donde residió el matrimonio hasta instalarse definitivamente en París en 1791. Una vez en la capital, Madame Roland abrió su salón en la calle Guénégaud, que no tardó en convertirse en lugar de cita de personajes como Brissot, Buzot, Robespierre y de otras de las personalidades más relevantes del movimiento revolucionario.

Inteligente, serena y dueña de una gran capacidad de observación, acabó por convertirse en el eje en torno al cual giraban las mentalidades más diversas de un París en perpetua ebullición. No obstante, la condena pública del matrimonio de los excesos de los jacobinos les valió la enemistad de esta facción política. Ante la indiferencia de sus correligionarios girondinos, Madame Roland fue arrestada e ingresada en prisión el 1 de junio de 1793, mientras que su esposo huyó a Rouen. Durante los cinco meses que permaneció prisionera en las cárceles de L'Abbaye, Sainte-Pelagie y La Conciergerie escribió una suerte de memorias que tituló *Appel à l'impartiale postérité*[24], un documento excepcional en el que rememoraba su infancia, su relación con diversos personajes y los momentos cruciales de su vida junto con reflexiones políticas, intelectuales y morales que conforma un excelente testimonio del universo femenino en el siglo XVIII. Finalmente, tras un juicio cuyo veredicto estaba pronunciado de antemano, el 8 de noviembre de 1793 fue guillotinada. Antes de morir se dice que, enfrentándose a la Estatua de la Libertad situada en la actual *place* Concorde, exclamó: «¡Ah, libertad!, ¡cuántos crímenes se cometen en tu nombre!». Apenas dos días después de su muerte y pocas horas antes de ser arrestado, su marido se suicidó en su retiro en las inmediaciones de Lyon.

Menos popular fue el salón de Suzanne Curchod (1737-1794), esposa de Jacques Necker (1732-1804), ministro de finanzas de Luis XVI, y autora de libros tan polémicos en su momento como *Mémoire sur l'etablissement des hospices*[25] (1786), donde criticaba las condiciones de los orfanatos y los asilos en los que se veían obligados a vivir huérfanos y ancianos, o *Réflexions sur le divorce*[26], escrito y publicado en 1794 tras el estallido revolucionario. Puso, además, todo su empeño en llevar a la práctica sus ideas sobre la educación de las niñas y se volcó en la educación de su hija Germaine (1766-1817), que sería conocida como Madame de Staël

Así, cuando solo era una niña, Anne Louise Germaine Necker[27] (1766-1817) ya frecuentaba el salón de su madre, en el que destacó pronto por su agudo sentido del humor, su fina ironía y sus capacidades literarias. Solo tenía 20 años cuando, tras su matrimonio con el barón de Staël-Holstein, embajador de

---

24 *Llamada a la imparcialidad de la posteridad.*

25 *Memoria sobre el estado de los asilos.*

26 Reflexiones sobre el divorcio.

27 Más conocida por su nombre de casada, Madame de Staël.

Suecia en París, abrió su propio salón, que pronto se convirtió en un foco de irradiación política en torno a la figura de Talleyrand.

Madre de tres hijos, su vida cambió radicalmente en 1792 cuando, tras la caída de la monarquía, viajó a Suiza. Allí conoció al filósofo Benjamin Constant (1767-1830), con quien vivió una turbulenta relación amorosa a lo largo de casi veinte años, pero con quien compartió una enorme comunión intelectual. Fascinada en principio por Napoleón Bonaparte, acabó por convertirse en su acérrima enemiga al advertir los recelos que este sentía hacia toda mujer inmiscuida en política. Obligada por el Gran Corso a exiliarse en 1803, viuda de su primer marido y rota su relación con Constant, contrajo nuevo matrimonio con Albert de Rocca, un joven militar suizo con quien se estableció en Coppet, en el cantón suizo de Vaud, donde abrió un nuevo salón que contó con la presencia de su gran amiga, aunque rival en el amor de Constant, Juliette Récamier (1777-1849), también responsable de otro famoso salón literario en el París posrevolucionario y napoleónico. No regresó a Francia hasta que se produjo la Restauración borbónica. Retirada de la vida social, murió en su mansión parisina en 1817 cuando tenía 51 años.

La obra literaria de Germaine de Staël la sitúa en el ámbito de un incipiente romanticismo. Así, su primera novela, *Delphine,* es una apasionada defensa de la importancia del sentimiento amoroso y de la libertad femenina a la hora de escoger esposo, una idea enormemente novedosa en 1802, el año de publicación de la obra. Le siguió, en 1807, *Corinne*, una nueva novela, así como numerosos ensayos, trabajos históricos y estudios críticos.

La ascensión de Napoleón al poder no acabó con los salones, si bien estos olvidaron el espíritu ilustrado para abrirse a la cultura y el arte que precedió al Romanticismo. Durante el Imperio se mantuvieron abiertos los salones de Madame Récamier y la misma esposa de Napoleón, Josefina Beauharmais, antes de ser coronada emperatriz, mantuvo su propio salón. Pero sería durante la Restauración borbónica y, posteriormente, ya en pleno Romanticismo cuando los salones literarios retomaron el espíritu artístico y cultural que habían tenido en origen. Nombres como los de Anne Sophie Swetchine (1782-1857), esposa del general ruso Swetchine, quien mantuvo un influyente salón literario en el número 71 de la *rue* Saint-Dominique en París entre 1816 y 1826, al que asistieron escritores como Chateaubriand, Sainte-Beuve o el español exiliado Donoso Cortés, sirvieron para mantener vivo el espíritu de una época en el que la tertulia fue el buque insignia de la intelectualidad y el crisol donde se desarrollaron nuevas formas políticas y sociales.

II.
Cartas a Rousseau: Julie Bondeli

El pensamiento ilustrado encontró en Suiza el terreno abonado. Su larga tradición de tolerancia religiosa y su condición de república constitucional se adecuaba al racionalismo y al progreso social que defendía la Ilustración como dogma de fe. Por otra parte, la vecindad geográfica permitía un continuo intercambio de ideas, usos y costumbres entre Francia y la nación alpina. No es de extrañar, pues, que en diversas ciudades suizas se abrieran salones literarios al modo francés.

El más importante de todos fue, sin duda, el que abrió Julie Bondeli (1732-1778) en Berna. Un centro de reunión y discusión intelectual donde, a partir de 1750, se reunía la élite de la ciudad y donde se conversaba de arte, ciencia y filosofía, se realizaban veladas musicales, se jugaba al ajedrez o se representaban obras de teatro al estilo de los mejores salones parisinos de la época.

Julie nació en Berna el 1 de enero de 1732 en una de las familias más conocidas de la ciudad. Era nieta de Emmanuel Bondeli (1660-1734), que había sido senador de la república helvética e hija de Frédéric Bondeli, miembro del Consejo de Estado. Más allá de su implicación política, la familia Bondeli era amante de la cultura y las artes y, gracias a su considerable fortuna, ejercía de mecenas. Julie nació, pues, en un ambiente idóneo para adquirir una considerable formación intelectual. En este sentido, le favoreció su delicada constitución física, que la obligó a permanecer mucho tiempo encerrada en casa, con escasa actividad física y mucho tiempo para el estudio, lejos de las distracciones sociales propias de otras jóvenes de su edad.

Julie Bondeli en un retrato de autor desconocido y que se cree estaba en poder de su amiga, la escritora Sophie von Laroche.

De baja estatura, eternamente pálida y de aspecto frágil, Julie creció lejos de la vida urbana, concretamente en la finca que su familia tenía en Köniz, al sur de Berna, ya que sus padres confiaban en que el aire puro y la tranquilidad del ambiente rural contribuyeran a mejorar su salud. Fue allí donde transcurrió su infancia y su adolescencia, siempre rodeada de comodidades y en la compañía de excelentes docentes, como el escritor ilustrado Samuel Henzl (1701-1746), quien contribuyó enormemente a forjar el pensamiento racional y tolerante[28] del que Julie siempre hizo gala y despertó su amor por la filosofía, las matemáticas y las ciencias naturales. Lectora infatigable, dominaba por igual el francés y el alemán, si bien siempre consideró el dialecto bernés como su lengua materna.

Parece ser que retirarla a Köniz fue una decisión acertada. A los 20 años, recuperada de sus dolencias infantiles[29], Julie se reintegró a la vida social de Berna, donde asombró tanto por sus conocimientos como por su capacidad para la conversación, sus dotes de anfitriona y sus refinados modales. No era una mujer hermosa. A su fragilidad, contraria a los cánones de belleza de la época, que propugnaban un ideal femenino de formas más rotundas, se añadían las señales que la viruela había dejado en su rostro. Era plenamente consciente de ello y, a través de las muchas cartas que escribió a lo largo de su vida, se intuye que su falta de atractivo le causaba cierta inquietud. Tal vez por ello se negó siempre a ser retratada y, ciertamente, solo se conserva un único retrato de ella que envió a su amiga la escritora alemana Sophie von La Roche (1730-1807), a quien explicó en una de sus cartas: «No quiero que me pinten ni que me dibujen y mucho

28 Dado que en Köniz convivían católicos y protestantes, Julie recibió la influencia de ambos credos.

29 Pese a todo, Julie sufrió a lo largo de su vida fuertes ataques de migraña que la obligaban a permanecer recluida en sus habitaciones y apartada de la vida social.

menos de perfil. Dios sabe cuánto necesito de mis dos ojos para resolver el complejo silogismo de mi fisonomía».

Pero Julie era una mujer inteligente y pronto comprendió que podía suplir su falta de atractivo físico con su buena disposición para la conversación y sus fundamentadas opiniones sobre los más diversos temas. Ello, sin embargo, no le bastó para retener a su lado al único hombre con el que mantuvo un fugaz romance: el poeta y pensador alemán Christoph Martin Wieland (1733-1813). Se conocieron en 1759 durante una estancia del escritor en Berna, pero, una vez rota la relación, este no dudó en escribir a su amigo y asistente asiduo al salón de Julie, el médico Johann Georg Zimmermann (1728-1785), que «aunque son muchos sus encantos, no puedo seguir a su lado puesto que no es todo lo hermosa que deseo en una mujer».

Posiblemente, la ruptura no le afectó demasiado, al menos así lo manifestó en su correspondencia con Von La Roche. Por entonces, Julie brillaba en el salón que había abierto en 1754 y que frecuentaban algunos de los talentos más preclaros que residían o visitaban Berna. Entre ellos se encontraban el filósofo Vincent Bernard Tscharner (1728-1768), el economista Johann Rudolf Tschiffeli (1716-1780), el geógrafo Jean-Rodolphe Sinner (1730-1787) o mujeres de letras como Albertine de Saussure (1768-1801) o Suzanne Cuchard (1737-1784), esposa del que fuera ministro de finanzas de Luis XVI, Jacques Necker.

La influencia de la cultura francesa era innegable en las actividades que se llevaban a cabo en el salón. Es más, solo en sus últimos años pareció aparecer en él la impronta de la cultura alemana. Con anterioridad, hasta tal punto se admiraba la cultura y la tradición galas que se quiso formar una *cour d'amour* al estilo del medievo francés en la que Julie reinó como señora absoluta pese a que sus intereses estaban lejos de la literatura y la poesía y mucho más cerca de las ciencias y el espíritu crítico de la filosofía enciclopedista.

Entre sus contertulios destacó un pensador suizo, llegado desde París: Jean-Jacques Rousseau (1712-1768). Afines en pensamiento y aficiones, cuando el filósofo se instaló en Môtiers en 1763, siguió carteándose con Julie. La voluminosa correspondencia entre ambos es un auténtico tratado filosófico en el que intercambiaron sus criterios sobre la moral y la metafísica con un rigor extraordinario que pone de manifiesto el nivel intelectual de Bondeli.

En 1767, coincidiendo con la muerte de su madre, Julie cerró su salón y se trasladó a vivir a Neuchâtel donde, a orillas del lago homónimo,y en compañía de una amiga de la infancia Henriette Sandoz, quiso recuperar la salud que de nuevo le era esquiva. Allí falleció el 8 de agosto de 1778, dejando tras de sí la huella de un talento y un *savoir faire* poco comunes.

III.
La londinense Blue Stocking Society

Prácticamente coetáneos a sus homólogos franceses, se abrieron salones literarios en el Reino Unido. El más importante del Londres de mediados del siglo XVIII fue el fundado en 1750 por *lady* Elizabeth Montagu (1718-1800) con la complicidad de las escritoras Elizabeth Vesey (c.1715-1791) y Frances Boscawen (1719-1805). Una importancia que radica, fundamentalmente, en el cariz reivindicativo que este tomó al plantear la necesidad de que las mujeres recibieran la más completa educación posible desde la niñez. Un propósito insólito en un momento histórico en el que, tal como decía una de sus asistentes habituales, la escritora Anna Laetitia Barbauld (1743-1825), «a menudo una mujer de cuarenta era más ignorante que un muchacho de catorce». Ante tal situación y al igual que su anfitriona, las damas del salón de *lady* Montagu comprendieron que era primordial que las niñas recibieran la misma educación que sus coetáneos varones y, decididas a conseguirlo, el salón acabó por convertirse en una asociación: la Blue Stocking Society of England, consagrada a reivindicar la necesidad de instruir a las jóvenes a fin de que, de adultas, pudieran tomar sus propias decisiones e incluso no depender de la necesidad de contraer matrimonio para asegurarse un medio de vida.

Las bluestockings caracterizadas como musas por Richard Samuel, 1778. Elizabeth Montagu aparece en el centro de la imagen dirigiéndose a sus compañeras.

Ubicada en la mansión que *lady* Montagu tenía en Hill Street, en el londinense barrio de Mayfair, la Blue Stocking era eminentemente femenina, pero no estaban excluidos de sus reuniones aquellos varones que comulgaran con su ideario o que tuvieran algún conocimiento específico que aportar. Ese fue el caso del ensayista y poeta Samuel Johnson (1709-1784), de los pintores Frances (1729-1807) y Joshua (1723-1792) Reynolds, de los escritores Henry Fielding (1707-1754), primo de la anfitriona, y Horace Walpole (1717-1797), primo del actor shakespeariano David Garrick (1717-1779), o del escritor y botánico Benjamin Stillingfleet (1702-1771), divulgador en Gran Bretaña del método de Linneo. Muchos autores atribuyen a este último la responsabilidad de haber dado nombre a la sociedad puesto que frecuentemente asistía a las reuniones en traje de faena, un atavío similar al actual mono azul utilizado por muchos trabajadores. Sin embargo, la similitud del nombre con las *bas-bleus* del salón de Madame de Rambouillet y el hecho de que, como en el caso francés, la denominación acabara por aplicarse a toda mujer instruida invitan a pensar en una cierta referencia u homenaje al célebre salón de Madame de Rambouillet que le precedió en el tiempo.

Elizabeth Montagu, a quien el escritor Samuel Johnson calificó de *queen of the blues*, nació en York en 1720. Emparentada con la nobleza irlandesa por parte de su familia paterna, su madre había sido una mujer instruida gracias al interés que puso en ello su abuelo, bibliotecario en la Universidad de Cambridge. Decidida a educar a su hija del mismo modo, solía decir que, si bien su hijo varón tenía el futuro asegurado gracias a estar destinado a heredar el título de barón Rokenby de Armagh, la pequeña Elizabeth necesitaba recibir la suficiente preparación para que pudiera ser una mujer autosuficiente o que la dotara de las prendas necesarias para contraer un matrimonio ventajoso. Y, llegado el momento, ese fue el camino que siguió la futura *lady* Montagu; es decir, el mismo de otras mujeres de su clase y condición: contraer matrimonio cuando tenía 22 años con un rico hacendado, Edward Wortley Montagu, miembro del Parlamento y nieto del primer conde de Sandwich, un hombre de prestigio y bien situado, pero que le doblaba la edad.

Ello no fue óbice para que Elizabeth olvidara sus inquietudes intelectuales. Una forma de ser y de hacer que no debió de sorprender a su familia política, puesto que su esposo estaba emparentado con la escritora y feminista *avant la lettre* Mary Montagu (1689-1762), una mujer culta e independiente que tras su matrimonio con Wortley Montagu en 1716 había viajado a Constantinopla cuando su esposo fue nombrado embajador de Gran Bretaña ante el Imperio turco. De su experiencia quedó una serie de cartas que, sin duda, sirvieron de inspiración para las intrépidas mujeres británicas que a lo largo del siglo XIX viajaron a Oriente y, aún más, puesto que ella había sido víctima de la viruela, al conocer que la medicina árabe recomendaba la práctica de la inoculación como profilaxis contra la enfermedad, no dudó en llevarlo a la práctica con sus propios hijos abriendo así camino a las investigaciones con las que, unas décadas más tarde, Edward Jenner consiguió la vacuna que tantas vidas salvó. No obstante, es muy probable que entre Elizabeth y Mary no se establecieran lazos demasiado estrechos ya que, en 1739, Mary había abandonado a su esposo, vivía entre Francia e Italia y no regresó a Londres hasta un año antes de su muerte en 1762, pero también es cierto que la huella dejada por esta en su familia contribuyó en parte a que Elizabeth se viera respaldada en sus aspiraciones intelectuales dado que, en caso de oponerse, la familia se habría visto obligada a abordar otro escándalo como el que había representado la huida de Mary al continente.

El salón de *lady* Montagu y con él su anfitriona fueron cobrando prestigio a medida que pasaba el tiempo. De manera tímida, esta comenzó a publicar alguna de sus tesis literarias, que culminó en 1769 con *An Essay on the Writings and Genius of Shakespeare: Compared with the Greek and French Dramatic Poets*[30], donde expresaba una acendrada defensa de las tragedias de William Shakespeare ante la, a su juicio, equivocada interpretación que le daba uno de sus primeros traductores al francés, nada menos que el propio Voltaire. Un texto del que, pese a aparecer de forma anónima, siempre se conoció el nombre de su autora y que la escritora Hester Thrale (1741-1821) calificó de «brillante como un diamante, sólido en su juicio y crítico en la exposición».

30 Ensayo sobre la literatura y el genio de Shakespeare comparado con algunos poetas griegos y franceses, así como algunas rectificaciones a la interpretación de *monsieur* de Voltaire.

LAS *BLUESTOCKINGS*

La Blue Stocking Society no fue el único salón en suelo británico. Fue el caso del abierto, primero en Cardiff y luego en Londres, por la mecenas y escritora galesa Hester Thrale, protectora de artistas como el músico Georg Friedrich Händel (1685-1759) o de escritores como Samuel Johnson, pero ninguno llegó a alcanzar la importancia del primigenio tanto por la categoría intelectual de su promotora, *lady* Montagu, como por el nivel de sus más asiduos tertulianos. A la Blue Stocking Society pertenecieron, en un momento u otro, la mayoría de las escritoras y pensadoras de la Inglaterra del setecientos que, además, marcaron a muchas otras intelectuales del siglo siguiente y, de alguna manera, abrieron camino para que, en el siglo XIX, naciera el movimiento sufragista británico tan decisivo a la hora de dar entidad a la reivindicación feminista.

No hay que olvidar que, además de *lady* Elizabeth Montagu, en el origen de la Blue Stocking Society tuvieron un considerable papel la pensadora irlandesa Elizabeth Vesey (1715-1791) y la escritora Frances Boscawen (1719-1805). A esta le siguieron otras *bluestockings,* especialmente a partir de 1781, cuando el salón ya se había trasladado a la solemne Montagu's House, en Portman Square, centro asimismo de la vida social de la capital británica y muy frecuentado por miembros de la casa real. Entre otras, brillaron en sus sesiones insignes novelistas como Fanny Burney (1752-1840) o la dramaturga Hannah More (1745-1833), quienes se acogieron a los beneficios que la Blue Stocking ofrecía dado su papel de mecenas de aquellas mujeres que deseaban seguir la carrera de las letras. A este respecto, cabe señalar que sus componentes se apoyaban entre sí en sus respectivas carreras sin asomo alguno de rivalidad o competencia entre ellas. No en vano denominaron a la Blue Stocking Society «templo de la virtud y de la amistad».

Con su mecenazgo contó, pues, Frances «Fanny» Burney (1752-1840), una brillante novelista autodidacta que, curiosamente, no aprendió a escribir hasta cumplir los 10 años. Contaba con 26 cuando publicó su primera novela, *Evelina*, a la que siguieron *Cecilia* en 1782 y *Camilla* en 1796. Curiosamente, el modelo femenino que propone en esta última es totalmente opuesto a la mujer instruida y autosuficiente que predicaban las *bluestockings*. Posiblemente, esto respondía a su profundo desencanto ante una realidad social que la llevó a escribir: «Sea cual sea la instrucción adecuada para una mujer es algo que está por verse, hoy es un problema que no estamos en disposición de resolver». Una realidad que no fue óbice para que su propia vida fuera un perfecto testimonio de las tesis por las que pugnaba la asociación.

Como Fanny, también la escritora Hannah More (1745-1833) recibió el apoyo de la Blue Stocking, si bien pasó a la posteridad más como filántropa que por su pertenencia a la Blue Stocking Society. Nacida en el seno de una familia de credo anglicano y vinculada a la enseñanza, se inició en las letras escribiendo obras teatrales catequéticas destinadas a ser interpretadas por muchachas jóvenes. Hacia 1774, a través de su amistad con el actor David Garrick, conoció a Elizabeth Montagu y, con ella, a la élite literaria londinense, lo que le permitió estrenar en 1777, con gran éxito, su tragedia *Percy* en el Covent Garden. No obstante, un malentendido ocurrido en el seno de la Blue Stocking le apartó para siempre de los círculos intelectuales de la capital británica. Fueron, concretamente, las insinuaciones de Ann Yearsley (1753-1806), una poeta también miembro de la Blue Stocking, nacida en Bristol y descubierta por Hannah More y Elizabeth Montagu, quien había conseguido una auténtica fortuna para la época tras publicar *Poems on Several Occasions* (1785). Hannah quiso mantener este dinero en el seno de la sociedad para evitar que, dada su fama de jugador, el esposo de

Yearsley se hiciera con tan importante suma de dinero, pero la poeta no dudó en acusarla de habérselo robado. De nada sirvió la mediación de *lady* Montagu: las acusaciones de Yearsley obligaron a More a retirarse a Cowslip Green, una pequeña ciudad al norte de Somerset, donde siguió escribiendo y publicando una serie de libros de perfil conservador, *Village Politics*, con los que contestaba las teorías del político Thomas Paine y reprobaba la Revolución francesa. De manera paralela, llevó a cabo una serie de labores filantrópicas en las que puso en práctica los principios de la Blue Stocking a la hora de educar en igualdad a las jóvenes y a los muchachos. Así, en 1800, creó doce escuelas donde se impartían clases de lectura, religión y catecismo a niños y niñas con pocos recursos.

Especialmente interesante es la figura de otra *bluestocking*, Anna Laetitia Barbauld (1743-1825), una auténtica mujer de letras, poetisa, ensayista y autora de una serie de libros infantiles que dibujaron un modelo pedagógico que estuvo vigente durante más de un siglo. Es más, sus ensayos políticos llevaron a otras mujeres a imitarla, con lo que se consiguió dar a la Blue Stocking una dimensión ideológica de la que en un principio carecía. Asimismo, su poesía sirvió para sentar las bases de la lírica romántica en Inglaterra.

También escritoras y miembros de la Blue Stocking Society fueron Henrietta Maria Bowdler (1750-1830), estudiosa de Shakespeare, a cuya obra dedicó algunos de sus principales trabajos críticos; Elizabeth Carter (1717-1806), quien no solo hablaba varias lenguas, como el latín, el hebreo, el griego o el árabe, sino que, al tiempo que traducía a los clásicos, mostró gran interés por la ciencia; Clara Reeve (1729-1807), creadora de varias novelas góticas muy populares en su época pero hoy olvidadas; Sarah Scott (1720-1795), hermana de Elizabeth Montagu; Anna Williams (1706-1783), esposa de Samuel Johnson, y Hester Chapone (1727-1801), cuya producción se orientó principalmente a tratados pedagógicos enfocados a las jóvenes de su generación. Aunque también escribió una novela, *The Loves of Amoret and Melissa*, su obra capital fue *Cartas para el desarrollo de la mente dirigidas a una joven dama* (1773), donde insiste en la necesidad de educar a las niñas partiendo del presupuesto de que el alma es como un trozo de mármol al que solo el conocimiento y la cultura pueden dar forma y convertirlo finalmente en una hermosa escultura. La popularidad que alcanzó la publicación hizo que, en 1800, ya hubiera conocido las dieciséis ediciones, algo prácticamente insólito en la época.

Las grandes aristócratas tampoco fueron inmunes a la atracción por la Blue Stocking Society. Este fue el caso de Margaret Cavendish-Harley, duquesa de Portland (1715-1785) por matrimonio que no solo fue miembro de la Blue Stocking, sino que abrió su propio salón en Wimpole Hall en Cambridgeshire. Fue, además, una de las mayores coleccionistas de su tiempo. Su fervor por conseguir emular a los «gabinetes de maravillas» renacentistas[31] le llevó a acumular en su mansión una inmensa cantidad de objetos diversos que incluían libros, cuadros y esculturas, así como un magnífico herbario para cuya confección mantuvo una estrecha correspondencia con Jean-Jacques Rousseau. Entre sus colecciones se encontraba el célebre Vaso Portland, uno de los vidrios romanos de mayor calidad descubierto en el siglo XVI en el interior de la tumba de Alejandro Severo y hoy en el British Museum gracias a la generosidad del tercer duque de Portland, nieto de Margaret. Fue precisamente este afán coleccionista lo que la acercó a otra de las más conocidas *bluestockings*, Mary Delany (1700-1788), sobrina del barón de Lansdowne, amiga

31 Los «gabinetes de maravillas» fueron muy populares en el Renacimiento italiano. Eran colecciones privadas donde se recogían desde obras de arte a objetos curiosos, como el diente de narval del gabinete de Isabel d'Este en Mantua (uno de los más importantes de la época), que se creía que era un cuerno del mítico unicornio.

de Händel y autora de célebres *collages* conocidos como *paper mosaiks* para los que utilizaba plantas y flores secas, muchos de los cuales pasaron a formar parte de la colección de Margaret Cavendish.

Margaret Cavendish, duquesa de Portland de Peter Lely (1618–1680).

Portada de *Relatos originales de la vida real* de Mary Wollstonecraft. Grabado hecho por William Blake (1757-1827).

EN LA SENDA DE LAS *BLUESTOCKINGS*

Nadie puede discutir la trascendencia de la Blue Stocking Society a la hora de dar respuesta a las voces que reclamaban el reconocimiento de la mujer como ser pensante y reivindicaban su capacidad para decidir por sí mismas sobre su persona y sus condiciones de vida en la sociedad civil. Como se ha dicho, fue en los salones ilustrados de la Gran Bretaña del siglo XVIII donde tomó cuerpo la mentalidad que acabaría por dar lugar a la aparición de las grandes novelistas del XIX, como Jane Austen (1775-1817), las hermanas Brönte (Charlotte [1816-1855], Emily [1818-1848] y Anne [1820-1849]) o Elizabeth Gaskell (1810-1865), y donde se sentaron las bases para que, a caballo con el siglo XX, la mujer británica iniciara la ofensiva sufragista que acabaría con la obtención del derecho a voto y la plena participación de la mujer en la vida política.

Con tales premisas y pese a que nunca estuvo presente en salón femenino alguno, es imposible no citar a otra ilustre mujer de letras contemporánea a las *bluestockings*, Mary Wollstonecraft (1759-1797), aunque, a causa de sus humildes orígenes, nunca formó parte del salón de *lady* Montagu. Una auténtica e injusta paradoja, ya que, nacida en 1759, la vida de Mary fue un ejemplo manifiesto de los principios que regían el que fuera el más importante salón literario de la sociedad británica del siglo XVIII. Así, Mary escribió: «Educad a las mujeres como a los hombres. Ese es el objetivo que yo propongo. No deseo que tengan poder sobre los hombres, sino sobre sí mismas». Una mujer, pues, con el mismo talante reivindicativo de las *bluestockings* pero nacido no de las disquisiciones intelectuales del salón, sino de su propia experiencia. Huérfana y en la obligación de responsabilizarse de la economía doméstica, siendo muy joven abrió una escuela femenina con el apoyo económico de una amiga y la colaboración de sus hermanas, Eliza y Everina. En sus aulas, las jóvenes alumnas no solo aprendían música, dibujo y costura, como era habitual en otros colegios femeninos, sino que se impartían disciplinas como la gramática, la aritmética, la historia, la geografía y la lengua francesa. Contaba con un excelente colaborador: el reverendo Richard Price (1723-1791), un sacerdote disidente amigo de Jefferson, Franklin y Condorcet que supo adivinar las inquietudes intelectuales de Mary y estimularlas. No obstante, las dificultades económicas fueron insuperables y Mary acabó convertida en institutriz de las hijas de un lord irlandés. Un empleo que le dejaba muchas horas libres que empleaba en escribir. Así, en la primavera de 1787, publicó, con el apoyo del editor londinense Joseph Johnson (1738-1909), un ensayo, *Reflexiones sobre la educación de las niñas*, donde insistía en la necesidad urgente de formar culturalmente a las jóvenes, al que siguió *Vindicación de los derechos del hombre* (1790), donde contestaba a las conservadoras *Reflexiones sobre la Revolución francesa*, de Edmund Burke (1729-1797). Dado que en Europa soplaban aires de revolución, convencida de que las nuevas ideas serían propicias a «la otra mitad del género humano», como solía denominar a la mujer, en 1792 viajó a Francia. Acababa de publicar la que sería su obra cumbre, *Vindicación de los derechos de las mujeres* (1792), y esperaba verse reconocida en los nuevos salones literarios nacidos al albur de la Revolución y, a su parecer, con menos prejuicios de clase que los británicos. Se equivocaba. A causa de su condición de inglesa y, como tal, ciudadana de un reino en guerra con el gobierno revolucionario, la sombra de la sospecha planeó sobre ella y se vio obligada a regresar a Inglaterra. Se refugió en casa de su editor y retomó su labor intelectual mientras participaba en las tertulias que Joseph Johnson organizaba en su casa, muy diferente a la Blue Stocking pero donde se admitió sin reparos su presencia. Allí conoció al pensador William Godwin (1756-1836), con quien contrajo matrimonio en 1796. Falleció un año después al dar a luz a su hija Mary, universalmente conocida por su nombre de casada, Mary Shelley, y creadora del mito de Frankenstein. Por entonces, sin embargo, los presupuestos de su *Vindicación de los derechos de las mujeres* ya habían fructificado y, aunque su voz se perdió en el desierto de la pacata sociedad victoriana, su obra, junto con los logros de las osadas componentes de la Blue Stocking Society, rescatados del olvido, sirvieron para dar solidez a las bases teóricas del feminismo del siglo XX.

IV.
Henriette Herz y las Salongünderin *alemanas*

Cuando en 1804 Madame de Staël visitó Berlín, no pudo evitar quedar fascinada por el alto nivel intelectual de la ciudad. Es más, no solo en Berlín, también en otras ciudades alemanas como Weimar o Jena abundaban los salones literarios, científicos o artísticos cuyas anfitrionas o *Salongünderin* rivalizaban entre ellas por conseguir contar con la presencia de los científicos, escritores o artistas más prestigiosos del momento. En aquellos salones que tanto asombraron a Madame de Staël crecía, sin duda, la semilla de un romanticismo temprano que acabaría por extenderse al resto de Europa tras la celebración del Congreso de Viena y la eclosión posterior de las revoluciones liberales de 1820.

Lo cierto era que, al igual que en otros países, los salones alemanes, mayoritariamente denominados «círculos», habían nacido al albur de la Ilustración y, posiblemente, gracias al deseo de unas mujeres que, privadas por ley y costumbre de acceder a los estudios superiores, querían formarse a sí mismas a través de sus relaciones sociales con lo más granado del arte y el pensamiento.

Henriette Herz. Óleo por Anna Dorothea Lislewska c. 1776.

Tampoco hay que dejar de lado el papel del llamado «rey ilustrado», Federico II el Grande de Prusia, quien, rotundo admirador de los usos y costumbres franceses, quiso convertir Berlín en un nuevo París y no dudó en multiplicar esfuerzos para hacer del desarrollo de la cultura y las artes uno de los objetivos principales de su reinado. Compositor e intérprete de piezas musicales y autor de una treintena de tratados políticos[32], el monarca mantuvo una estrecha relación con Voltaire, a quien acogió en su residencia de Sans Souci en Potsdam, y de su talante habla por sí solo el hecho de que su biblioteca particular alcanzara los cuatro mil volúmenes, una cifra que superó con creces a otras bibliotecas palatinas del momento. No se conformó con ello y comprendió que la nueva sociedad culta y refinada que deseaba para su reino debía ir más allá de las paredes de palacio. Para ello, fomentó la apertura de las casas particulares tanto aristocráticas como burguesas a científicos, artistas y pensadores, con lo que consiguió que, a partir del último tercio del siglo XVIII, la vida social de Berlín se convirtiera en uno de los ejes culturales del Viejo Continente y en el crisol de nuevas formas artísticas y de pensamiento que cristalizaron en el siglo siguiente.

LOS SALONES JUDÍOS

Federico II sabía que para la divulgación de la cultura era esencial contar con la colaboración de las élites adineradas. La creación de un salón precisaba de dinero y tiempo. Siguiendo el modelo

32 Entre los que destacan *Antimaquiavelo*, prologado por Voltaire, e *Historia de mi tiempo*.

francés, había que encontrar unas anfitrionas bien dispuestas a abrir sus casas, asumir el protocolo preciso para atender a sus invitados y, sobre todo, que estuvieran formadas culturalmente y que sintieran un interés especial por promover un nuevo estilo de vida social basado en el progreso intelectual más que en las diversiones. El monarca encontró el perfil idóneo en el ámbito de la numerosa y opulenta comunidad judía de Berlín. A través del filósofo Moses Mendelssohn[33], con el que compartía una estrecha amistad, supo del afán de sus componentes por integrarse en la vida social berlinesa y traspasar las fronteras del *ghetto*. No dudó, pues, en suprimir las restricciones que pesaban sobre el colectivo hebreo y consiguió que sus integrantes abrieran sus residencias a la vida social sin distinción de credo o ideología.

La respuesta por parte de la comunidad judía fue inmediata y, entre 1760 y 1770, varias familias prestaron sus salones a la discusión literaria o filosófica. Unas décadas más tarde, entre 1780 y 1806, la ciudad de Berlín contaba con diversos salones presididos por mujeres como Henriette de Lemos Herz (1764-1847), Dorothea Veit (1764-1839), hija de Moses Mendelssohn, o Rachel Levin Varnhagen (1771-1833), entre otras. Todas tenían en común su pasión por la lectura y la literatura, y su decidida apuesta por superar toda limitación impuesta por la tradición religiosa y cultural; es decir, superar el rol tradicional que las relegaba a la vida doméstica mientras que las relaciones sociales quedaban exclusivamente en manos de los varones de la familia.

Aunque más austeros que los franceses, nadie estaba excluido de los salones judíos en razón a su religión, condición social o profesión. En una misma sala podía encontrarse a títulos nobiliarios, comerciantes, actores, pensadores, poetas o pintores. Allí

---

33 Moses Mendelssohn (1728-1786) fue un acendrado defensor de la integración de la comunidad judía en la sociedad civil y se le considera uno de los representantes más notables del pensamiento ilustrado alemán.

se comentaban las últimas novedades literarias, se fomentaba la carrera de jóvenes promesas de la literatura o el arte y se reflexionaba sobre los valores de la sociedad del siglo XVIII. Es más, se comenzó a reflexionar en tierras germanas sobre la condición femenina, se reivindicó la necesidad de formar a las niñas igual que a los muchachos y se pusieron en tela de juicio muchas de las premisas que limitaban la participación de la mujer en la sociedad civil.

LAS *SALONGÜNDERIN* BERLINESAS

Hacia 1780 se abrió el primer salón berlinés: el de la familia Herz. Lo presidía Henriette de Lemos Herz, la esposa de un reputado médico formado en Königsberg, Markus Herz, de quien tomó el apellido. Henriette había nacido en 1764 en el seno de la acomodada familia del médico Benjamin de Lemos, de origen portugués y afincado en Hamburgo, que hacia 1770 se instaló en Berlín, donde creció la pequeña Henriette. Tenía solo 15 años cuando contrajo matrimonio con Markus Herz, quien, como amigo de Moses Mendelssohn, no tardó en tomar la iniciativa de abrir en su mansión ubicada en la *neue* Friedrichstraße 22 un salón literario y científico donde se debatieran los principios ilustrados convencido de que la cultura era el motor para el progreso de un pueblo. Pese a que fue su esposo quien tomó la iniciativa, lo cierto es que Henriette se convirtió en el auténtico corazón del salón, que, entre otros, frecuentaron el novelista Jean Paul Richter (1768-1825), el filósofo Johan Gottlieb Fichte (1762-1815), el poeta Friedrich von Schiller (1759-1806) o el pensador Solomon Maimon (1753-1800). Es más, la fama del salón de Herz cruzó fronteras y viajaron hasta él la escritora francesa Stephanie Felicité du Crest, Madame de Genlis (1746-1830) o Honoré Gabrie Riquetti, conde de Mirabeau

(1749-1791), atraídos en parte por las disertaciones de Markus Herz sobre ciencia y filosofía.

No obstante, a partir de 1784, el salón de los Herz acabó por dividirse en dos: uno científico, capitaneado por Markus, y otro literario, donde Henriette brilló con luz propia. Lectora compulsiva, como ella misma se denominaba, comentar las últimas novedades literarias era el objetivo principal de su salón, hasta el punto de que bien puede decirse que, contraviniendo los principios academicistas ilustrados, allí nació el espíritu del *Sturm und Drang*[34]; es decir, el movimiento literario y artístico que concedía al autor total libertad de expresión y de criterio, promoviendo la subjetividad y la emoción frente al racionalismo y que se considera el antecedente directo del Romanticismo alemán.

Uno de los más asiduos asistentes al salón de Henriette fue el geógrafo, polímata y naturalista Alexander von Humboldt (1760-1850), que, pese a que sus intereses se acercaban más a los de Markus Herz que a la pasión literaria de Henriette, mantuvo una estrecha amistad con ella, de quien llegó a recibir clases de hebreo. Juntos fundaron en 1787 la Tugendbund o Alianza de la Virtud, una asociación cuyos miembros se comprometían a educarse mutuamente en diversos ámbitos de la ciencia, la literatura y el arte estableciendo unas rígidas normas de comportamiento moral y ético que debía regir cualquier aspecto de su vida.

La muerte de Markus Herz en 1803 cambió la orientación del salón de Henriette, que, si bien continuó abierto, salvo los primeros tiempos exigidos por el luto, pareció olvidar su interés por la literatura para adentrarse en la discusión filosófica. Sumida en una profunda crisis personal, la influencia de uno de los asistentes al salón, el teólogo Friedrich Schlelermacher (1768-1834), la llevó a abandonar el judaísmo y convertirse al

34 En español, «tormenta e ímpetu».

protestantismo Por entonces vivía modestamente y dedicaba la mayor parte de su tiempo a preparar a muchachas jóvenes para que pudieran ejercer de preceptoras e institutrices. Años antes, había comenzado la redacción de sus memorias, un proyecto que abandonó dejándolo inconcluso y al que, posteriormente, dio forma definitiva el rabino Julius Fürst (1866-1899) con base en sus propios recuerdos y conversaciones mantenidas con ella. Asimismo, su prolijo epistolario, descubierto a comienzos del siglo XX, permite recrear lo que fue la vida social e intelectual berlinesa de la segunda mitad del siglo XVIII.

El salón de Herz rivalizó en Berlín con el que abrió, en 1790, Rahel Levin (1771-1833). La trayectoria de ambos fue muy diferente: Rahel inauguró su salón a disgusto de su familia, especialmente de su tradicional padre, y fue la primera mujer soltera en hacerlo. Liberal y de fuerte temperamento, Rahel se definió a sí misma como una mujer sociable y comunicativa al decir: «Me apasiona conversar y estoy convencida de que he nacido para ello. Tengo la rapidez de ánimo suficiente para comprender, responder y tratar con las personas y contribuir así a desarrollar ideas y conceptos». Con tales premisas no es de extrañar que dedicara la buhardilla de la casa paterna a salón de reuniones literarias y políticas, un cariz este último del que había carecido el de Herz. Allí se reivindicaron los principios que habían impulsado la Revolución francesa y se reclamaron los derechos de la mujer en la sociedad civil. Rahel se rebeló públicamente contra el principio de las tres K (*Küche, Kinder, Kirche*)[35], que se preconizaba como el ideal de toda mujer judía y que, paradójicamente, siglos después el nazismo recuperó como propio. No

35 «Cocina, hijos e iglesia». El concepto se recogió en el segundo volumen del *Glosario de términos alemanes* publicado por Karl Friedrich Wilhelm en 1870, pero, sin duda, expresaba la imagen tradicional que se imponía a la mujer alemana —judía o no— desde siglos anteriores.

le costó encontrar apoyo en los asistentes a su salón. Gentes de muy diversa clase y condición, entre ellos el diplomático español Rafael de Urquijo (1769-1839), con quien Rahel vivió un intenso romance, o el príncipe Luis Fernando de Prusia (1772-1806) con su amante la escritora Pauline Wiesel (1788-1848), dispuestos a disfrutar de las cenas y veladas musicales que acompañaban a la conversación o las disertaciones de los presentes.

La victoria de Napoleón sobre Prusia obligó a Rahel a cerrar su salón y, como tantos otros compatriotas, huyó a Praga, donde en 1813 organizó un hospital de campaña en el que se atendía a heridos sin importar el bando al que pertenecieran al tiempo que organizaba recogidas de fondos para viudas y huérfanos de guerra. Fue en Praga donde, después de convertirse al protestantismo, contrajo matrimonio en 1814 con el diplomático y escritor Karl August Varnhagen von Ense (1785-1859), al que acompañó al Congreso de Viena, puesto que formaba parte de la delegación prusiana, antes de regresar a Berlín para instalarse allí definitivamente en 1819.

No obstante, inquieta como era, no tardó en abrir un segundo salón en su mansión de la Mauerstraße, que fue frecuentado, entre otros, por el poeta Heinrich Heine (1797-1856), con quien mantuvo una gran amistad, la escritora Bettina von Arnim (1785-1859), el historiador Leopold von Ranke (1795-1886), el filósofo Georg Wilhelm Friedrich Hegel (1770-1831) o el dramaturgo austriaco Franz Grillparzer (1781-1872), quien, tras escuchar a Rahel, escribió: «Habló y habló hasta la medianoche. ¿Me marché por mí mismo o tuvieron que echarme? Ya no lo sé. En mi vida he oído hablar de una manera más interesante, más fascinadora...». Lo cierto es que en el salón de Rahel, además de hablar sobre política y poesía, se otorgó especial importancia a las conversaciones ingeniosas y se intentó promover la convivencia en su salón, tratando en él temas cotidianos que afectaran por igual a todos los asistentes.

Ciertamente, pese a la época en que se mantuvo alejada de sus dos salones, nunca dejó de relacionarse con los intelectuales de su tiempo, si bien lo hizo de forma epistolar. Se conservan más de cinco mil cartas intercambiadas con algunos de los nombres más señeros de la política y la cultura de la época, así como un diario y algunos escritos publicados en almanaques y revistas.

MÁS ALLÁ DE BERLÍN

Hija de Moses Mendelssohn (1729-1786), Dorothea Schlegel (1763-1839) siguió los pasos de su padre y contribuyó a la integración de la comunidad judía en los medios intelectuales de Berlín. No obstante, fue en Jena donde desarrolló una labor más importante. Amiga de Henriette Herz, tras su matrimonio con Simon Veil (1754-1819), uno de los banqueros judíos más importantes de Prusia, abrió un salón en Berlín con el fin de promover el espíritu del incipiente Romanticismo. Pero en 1797, tras su divorcio, contrajo matrimonio con un conocido editor, Friedrich Schlegel (1772-1829), y se instaló en Jena, capital de Turingia, donde abrió un nuevo salón, el «círculo de Jena», al que asistían poetas y pensadores pertenecientes a diversas clases sociales y credos unidos exclusivamente por su amor a la cultura y al diálogo. Por entonces, el matrimonio se había convertido al cristianismo, lo que les valió el rechazo de buena parte de los sectores sociales judíos y de alguna manera rompió todo vínculo con el que había sido su entorno social en Berlín.

No obstante, tras residir en París y en Viena por razones laborales de su esposo, Dorothea se reencontró con Henriette Herz en Roma en 1819, donde ambas abrieron, de forma temporal, un salón al que acudieron artistas, políticos, y altas jerarquías eclesiásticas procedentes de diversos rincones de Europa lo que lo convirtió en un espacio cosmopolita y multicultural. Diez años después, cuando Schlegel falleció, Dorothea cerró su salón y se trasladó a Fráncfort en compañía del mayor de los cuatro hijos habidos de su primer matrimonio. Allí falleció en 1839 tras pasar sus últimos años dedicada a la escritura y a la traducción de los clásicos.

El círculo de Jena tenía un poderoso antecedente, el llamado «círculo de Weimar», creado por iniciativa de la regente Anna Amalia de Brunswick (1739-1807), duquesa de Sajonia Weimar, quien impulsó el resurgir intelectual de la ciudad. Lo hizo en 1777, tras un viaje a Roma, mediante la creación de lo que llamó una «corte de musas» en su residencia con el objetivo de dar a conocer la cultura italiana y, según sus propias palabras, «practicar el arte de la conversación». De esta forma, su residencia se convirtió en un centro de reuniones literarias varios años antes de que Berlín se erigiera en la capital de la cultura de salón.

El círculo de Weimar contaba, entre otros, con la presencia de Johann Wolfgang Goethe (1749-1832), quien también frecuentaba el salón abierto en la misma ciudad por Johanna Schopenhauer (1766-1839), madre del filósofo Arthur Schopenhauer, quien tras enviudar en 1805 se trasladó desde Hamburgo, donde residía la familia, a Weimar, donde abrió un salón con el fin de debatir no solo de literatura, sino también de filosofía y política al tiempo que se realizaban lecturas públicas de novelas como *Las penas del joven Werther* de Goethe o las escritas por la anfitriona, como *Gabriele* o *Die Tante*. Pese a que ambos círculos eran muy diferentes, burgués el primero y aristocrático el segundo, Johanna mantuvo una buena amistad con la regente Anna Amalia, que permitió brillar ambos salones sin crear competencias ni rivalidades. Ambos decayeron tal como había sucedido en Berlín tras la ocupación napoleónica. Era, sin duda, el fin de una era y el comienzo de otra donde la simiente del Romanticismo intuido en los salones alemanes del siglo XVIII germinaría en el resto de Europa.

V.
El salón vienés de Fanny von Arnstein

Al igual que Federico el Grande hiciera en Prusia, José II (1741-1790) emperador del Sacro Imperio Romano Germánico y rey de Hungría fue el promotor de las ideas ilustradas en Austria. Un monarca culto, apasionado por la música[36], que llevó a cabo las necesarias reformas para hacer de su reino, anclado en la tradición de la monarquía de los Habsburgo, el precursor de un Estado moderno, si bien tras la égida napoleónica y la celebración del Congreso de Viena[37] se promovió un cierto retroceso en las políticas financieras, administrativas y de tolerancia religiosa que habían sido la clave del Gobierno josefino.

Antes de que eso sucediera, la corte vienesa de mediados del siglo XVIII fue un remedo de su soberano y, en tales circunstan-

36 Protector y admirador de Wolfgang Amadeus Mozart, José II le encargó la ópera *Die Entführung aus dem Serail* (*El rapto en el serrallo*) y, a la muerte del emperador, un joven Beethoven dedicó una cantata a su figura.

37 El Congreso de Viena se celebró en la capital austriaca tras la derrota de Napoleón Bonaparte en Waterloo, concretamente entre septiembre de 1814 y junio de 1815. A él asistieron las principales potencias europeas con la intención de retomar al mapa político del continente anterior a la era napoleónica.

cias, una mujer de origen judío, Franciska «Fanny» von Arnstein, encontró el terreno propicio para abrir su salón literario al modo de las *salonnières* francesas.

Franciska «Fanny» Itzig (1755-1818) nació en Berlín, donde pasó su juventud. Cabe suponer que allí conoció algunos de los salones literarios activos en el seno de la comunidad judía, a la que pertenecían sus padres: Daniel Itzig, banquero de Federico el Grande, y Miriam Wulf, miembro de una acaudalada y noble familia berlinesa.

En 1776, cuando contaba con 21 años, sus padres concertaron su matrimonio con el barón Natham Adam von Arnstein (1748-1838), una de las mayores fortunas de Austria como socio de la banca Arnstein and Eskeles, la misma que, años después, desempeñaría un papel decisivo durante la celebración del Congreso de Viena.

Pese al prestigio social de su esposo, Fanny no lo tuvo fácil en sus primeros meses de estancia en la capital austriaca. Ni siquiera el hecho de contar con la compañía de su hermana Cecilia, casada con Bernhard von Eskeles, el socio de Von Arnstein, consiguió paliar el sufrimiento que le producía el rechazo frontal de su familia política a causa de su inconformismo ante el papel tradicional de las mujeres judías. Fanny, culta, desenvuelta y apasionada por la música, apenas instalada en su mansión vienesa, el palacio Arnstein[38], no dudó en celebrar veladas musicales en su residencia para escándalo de la conservadora comunidad judía y la fría acogida de la élite aristocrá-

38 El palacio Arnstein era un espléndido edificio neoclásico construido en 1756. Von Arnstein lo compró poco antes de contraer matrimonio para hacer de él el hogar familiar fuera del *ghetto* judío. Bombardeado durante la Segunda Guerra Mundial, aunque fue reconstruido, se derribó en 1962 a consecuencia de la especulación urbanística.

tica y burguesa de la ciudad por sus orígenes familiares[39]. No obstante, no cejó en su empeño y, decidida a fomentar la unión entre cristianos y judíos, muy influenciada por Henriette Herz, a la que había tratado en Berlín, sustituyó las esporádicas veladas musicales por la apertura de un salón literario que, de inmediato, contó con la aprobación real y, en consecuencia, con la presencia de buena parte de la corte. La iniciativa tuvo tal éxito que, en verano, las tertulias se trasladaban a las residencias estivales de los Von Arnstein en Schönbrunn y Baden bei Wien, a unos treinta kilómetros al sur de Viena.

En el salón Von Arnstein, las veladas literarias o los conciertos alternaban con las discusiones intelectuales o artísticas en un ambiente lúdico y festivo que acabó por convertirlo en el corazón de la vida social vienesa. A él asistieron el dramaturgo August von Kotzebue (1761-1819), el poeta Friedrich von Schiller (1759-1805), el filósofo Arthur Schopenauer (1788-1860), la escritora Karoline Pischler (1789-1843) o, entre otros, el almirante británico Horace Nelson (1768-1805) en compañía de su amante Emma Hamilton (1765-1816) durante una de sus visitas a Viena. Por entonces, uno de los atractivos del salón fue la introducción por parte de Fanny de una costumbre alemana: el árbol de Navidad, si bien lo hizo con un punto de sofisticación, puesto que, en vez de regalos, los asistentes intercambiaban poemas.

El éxito del salón solo se vio empañado en 1795 cuando el nombre de Fanny estuvo involucrado en un oscuro suceso que acabó con la muerte en duelo del príncipe Karl de Liechtenstein. Se rumoreó que la tragedia había sido causada por el enfrentamiento del aristócrata con otro caballero con el que rivalizaba a la hora de acompañar a la baronesa Von Arnstein a la ópera.

39 Aunque Nathan Adam von Arnstein también pertenecía a la comunidad judía, siempre se había mantenido en un segundo plano en la vida social de la capital austriaca.

Prudente, Fanny decidió abrir un paréntesis en las actividades del salón a fin de no violentar a sus invitados. No obstante, el salón solo permaneció cerrado unos meses, durante los cuales su anfitriona se consagró a sus tareas en la Gesellschaft der Musikfreunde (Sociedad de Amigos de la Música) que ella misma, como la pianista experta que era, había fundado unos años antes.

Las circunstancias por las que atravesaba Europa, inmersa en las campañas napoleónicas, acabó por convertir la actividad del salón Von Arnstein en tertulia política. Tal vez por ello, en 1803, Fanny abrió un segundo salón en la plaza Hoher Markt[40] donde uque sus actividades al arte. Allí se dieron a conocer algunos de los principales pintores y escultores austriacos del momento, y puso de manifiesto la condición de uquei de la uqueiona.

Por entonces, la alineación de Austria como uno de los principales enemigos del Gran Corso sentó las bases para que, en 1813, el salón primigenio se convirtiera en uno de los principales centros de reunión de Viena durante el Congreso, entre otras razones por dar hospitalidada a Charles Maurice de Talleyrand (1754-1838), alma de la Cuádruple Alianza[41], y acoger, entre otros asistentes, al duque de Welligton (1859-1852) o a Zacharias Werner (1768-1823), primer ministro de Prusia.

Por entonces, la salud de Fanny comenzó a fallar. Enferma de tuberculosis, falleció en su residencia vienesa el 8 de junio de 1818. Para entonces, su única hija Henriette von Pereira Arnstein (1870-1959) había recogido el testigo y presidía el salón. Amante de la música, hizo de este un paraíso para los melómanos y contó

---

40 La plaza Hoher Markt es la más antigua de Viena. Se abre en el solar en el que estuvo el foro romano y era uno de los lugares más frecuentados por la alta sociedad vienesa a comienzos del siglo XIX.

41 Por Cuádruple Alianza se entiende el pacto firmado por Austria, Rusia, Reino Unido y Prusia a fin de crear un cordón sanitario contra cualquier posible ataque de Francia.

con la presencia asidua de nombres tan ilustres como Beethoven, Mendelssohn o Franz Liszt. Henriette dejó además una nutrida correspondencia con su amiga Lea Bartholdi, madre del compositor Félix Mendelssohn, que resulta un perfecto testimonio de la Viena de su tiempo.

Como ella, otras damas siguieron la estela de Fanny von Arnstein. Entre ellas se contaron la princesa Catherine Bagration, la duquesa Guillermina de Sagan (1781-1830), amante del todopoderoso Klemens von Metternich (1783-1857), o la escritora Karolina Pichler, que había sido asidua en el salón Von Arnstein. Todas ellas contribuyeron de alguna manera a la eclosión intelectual y artística que hizo de Viena una de las capitales de la cultura europea en la transición de los siglos XIX y XX.

VI.
Las herederas de Pombal

En Portugal, el movimiento ilustrado va estrechamente ligado a un hombre: Sebastião de Carvalho e Melo, marqués de Pombal[42], una figura cuestionada en vida y controvertida por la historia que, sin duda, fue un adelantado a su tiempo y, como tal, incomprendido por sus coetáneos. Baste para demostrarlo una anécdota. Cuando emprendió la reforma urbanística de Lisboa tras el terrible terremoto de 1755, se le reprochó la, para entonces, excepcional anchura de las calles de la Baixa, a lo que él no dudó en responder: «Algún día parecerán estrechas». Su labor, sin embargo, fue más allá de la reconstrucción de Lisboa, ya que, como hijo del Siglo de las Luces, emprendió numerosas reformas tanto en el plano político como administrativo, que, pese a la *viradeira*[43], impuesta a su muerte por la reina María II, no quedaron en el olvido, sino que dejaron una espléndida herencia producto de su esfuerzo por introducir en tierras lusas el pensamiento raciona-

42 José Sebastião.

43 *Viradeira* es el término con que se conoce en Portugal el cambio político llevado a cabo por María I y que supuso la destitución del marqués de Pombal y el declive de las ideas ilustradas .

lista de la Ilustración. Una forma de entender la vida que se cultivó especialmente en los círculos femeninos que abrieron sus salones a escritores, políticos y pensadores y mantuvieron viva la cultura, el arte y la filosofía propia de la Europa de su tiempo.

LAS *ASSEMBLEIAS* O SALONES LITERARIOS

La primera de estas insignes promotoras del pensamiento ilustrado fue, sin duda, Teresa Margarida da Silva e Orta (1711-1792). Nacida en São Paulo, desde 1718 vivió en Lisboa cuando su padre, un rico comerciante, se instaló en la metrópoli y allí desarrolló su labor intelectual. Teresa ha pasado a la posteridad como la primera escritora de ficción en lengua portuguesa. Su novela *Las aventuras de Diófanes* (1777) es un ejemplo perfecto de las ideas ilustradas y contiene una abierta crítica contra la monarquía absoluta, la cual le valió ser recluida en la clausura del monasterio de Ferreira tras oponerse abiertamente al gobierno de Juan V (1689-1750). No obstante, la prisión no invalidó su capacidad creadora y desde su celda escribió *Máximas de virtude* y *Formosura* (1752).

Antes de ingresar en clausura, Teresa Margarida había mantenido abierto un «salón» a la manera francesa donde se recitaba, se leía en voz alta a los clásicos, se discutía de política y, sobre todo, hombres y mujeres de letras, sin distinción ni separación de sexos, intercambiaban conceptos y proyectos.

No fue el único salón que se abrió en la corte de José II. Tales reuniones, conocidas por sus contemporáneos como *assembleias* o *funções*, se incrementaron tras el terremoto de Lisboa en un intento desesperado de recuperar la normalidad y también espoleados por la necesidad de encontrar «a la luz de la razón» el porqué de la naturaleza desbocada y su impacto en la sociedad.

La terrible catástrofe movió conciencias e hizo replantearse una sociedad cuyos fundamentos eran esencialmente teocráticos. La ciencia y el pensamiento encontraron entonces terreno abonado para abrirse camino y disipar con las Luces del Siglo que mereció tal nombre toda sombra de oscurantismo. Para ello, como se ha dicho, fueron muchas las damas aristócratas o pertenecientes a la alta burguesía las que abrieron las puertas de sus casas a escritores, pensadores, artistas y científicos organizando tertulias periódicas donde además de intercambiar ideas se tomaba un pequeño refrigerio, se bailaba, se jugaba a las cartas o se asistía a conciertos de cámara o recitales líricos.

La mayoría de estas mujeres, auténticas centinelas y promotoras del saber ilustrado, tuvieron una importancia decisiva en el Portugal de su época. No solo supieron abrir caminos a la que tiempo después sería la sociedad del Nuevo Régimen, sino que ejercieron un importante papel aglutinador de los grandes talentos del momento. Evidentemente, tal como sucedía con sus homólogas europeas, pese a su propósito reivindicativo del papel de la mujer en el ámbito de la cultura, no hay que calificarlas como unas «feministas» *avant la lettre*, ya que su conducta carecía por completo del propósito de reclamar un mayor protagonismo femenino en la sociedad civil del momento. Todo lo contrario: su comportamiento personal seguía las directrices de la sociedad conservadora: en su mayoría estaban casadas y presidían las reuniones acompañadas de sus esposos, reservándose un papel secundario de simple anfitriona. Es más, al enviudar, la mayoría se retiraba de toda actividad pública e intelectual. Lamentablemente, es difícil juzgar su obra ya que, salvo contadas excepciones, pese a que la mayoría de estas inteligentes damas optaron por la literatura para dar cauce a su pensamiento, pocas de sus obras, que solían leerse o recitarse de viva voz, alcanzaron la letra impresa.

Pero, afortunadamente, la historia ha cuidado de preservar sus nombres para la posteridad. Así, por ejemplo, sabemos que Teresa de Mello Breyner (1739-?), condesa de Vimieiro por matrimonio, abrió, hacia 1780, un «salón literario» que posteriormente frecuentaron los poetas de la Nova Arcadia, la academia de oratoria y poesía fundada por Domingos Caldas Barbosa (1740-1800) y a la que pertenecieron poetas como Manuel María Barbosa «Bocage» (1765-1805) o José Agostinho de Macedo (1761-1731). Autora de la tragedia *Osmia*, Teresa de Mello tuvo un importante papel en el ámbito intelectual portugués del siglo XVIII influyendo en decisiones tan importantes como la fundación de la Academia de Ciencias de Lisboa en 1779.

Otro nombre inevitable entre tales «mujeres sabias» fue Joana Isabel de Lencastre Forjaz, de cuya vida poco o nada se sabe. Solo que nació el 23 de marzo de 1745, que perteneció a una familia de la pequeña nobleza y que, en 1758, cuando solo tenía 13 años, la casaron con un hombre de 64 llamado Fernando Martins Freire de Andrade y Castro, a quien le dio cinco hijos. Hacia 1765 abrió un salón en Lisboa y cabe suponer que se relacionó con las grandes plumas portuguesas de la época, entre ellas el poeta brasileño Ignazio José de Alvarenga Peixoto (1744-1793), quien escribió de ella[44]: «Ela das deusas três a graça doza / e os dons sublimes ela sò encerra / de rainha, de sàbia e de formosa».

También se conoce que Joana Isabel de Lencastre comenzó a escribir en los años setenta del siglo XVIII, pero de su obra se conservan solamente algunos poemas de una excelente calidad. Lamentablemente, a la muerte de su esposo, ocurrida hacia 1775, cortó de raíz su actividad literaria y se retiró de la vida pública

44 «Ella tiene la gracia de las diosas / y disfruta de los dones sublimes / de las reinas, las sabias y las mujeres bellas».

hasta el extremo de desconocerse cuál fue su trayectoria vital desde ese momento e incluso la fecha de su fallecimiento. Su vida fue, pues, un perfecto testimonio de la triste situación de la mujer de su tiempo, que solo parecía disfrutar de entidad propia debido a ser «esposa de».

Más estudiada ha sido la trayectoria literaria de Francisca de Paula Possolo da Costa, nacida en Lisboa el 4 de octubre de 1783. Recibió una educación privilegiada gracias a que su padre, un adinerado y cosmopolita comerciante, quiso darle una preparación cultural poco frecuente en las mujeres de su tiempo. No obstante, no se conoce que tuviera actividad literaria hasta su matrimonio con João Baptista Ângelo da Costa, en 1813. Este, oficial retirado de la marina, frecuentaba tanto a intelectuales y hombres de letras como a miembros del gobierno e importantes personajes de la corte. Ello favoreció que Francisca de Paula abriera su propio salón, del que fueron asiduas las más destacadas mentes pensantes del momento. Fueron ellos los que la incitaron a escribir tras conocer la calidad de las traducciones de obras clásicas francesas que, como buena conocedora del idioma galo, realizaba para representarlas en su teatrillo de la mansión familiar en la lisboeta *rua* das Trinas. De su producción destaca *Franzilia, pastora do Tejo*, un volumen poético alabado por algunos asiduos a su salón, como la marquesa de Alorna (1750-1839), Alexandre Herculano (1810-1877) o Almeida Garrett (1799-1854). Sin embargo, como en el caso de Joana Isabel de Lencastre, la muerte de su esposo en 1829 truncó la que parecía ser una brillante carrera literaria puesto que, retirada de toda actividad social e intelectual, se refugió en su Quinta de Cartaxo (Ribatejo), donde falleció en 1838.

LA MARQUESA DE ALORNA

Pero si hay algún personaje femenino del mundo de las letras vinculado al marqués de Pombal y al Siglo de las Luces portugués, ese es, sin duda, Leonor de Almeida, marquesa de Alorna. Leonor nació en Lisboa el 31 de octubre de 1750. Era la hija primogénita de João de Almeida Portugal, segundo marqués de Alorna y cuarto conde de Assumar, y de su esposa Leonor de Lorena de Távora, hija de los marqueses de Távora. Dada la alcurnia de su familia parecía destinada a tener una vida cómoda y placentera en la corte, pero los trágicos sucesos que acabaron con sus abuelos y sus tíos en el cadalso[45] rompieron lo que parecía ser un destino idílico y la obligaron a pasar su infancia en el monasterio de Chelas, regido por religiosas agustinas, con la única compañía de su madre y sus hermanas.

Durante los dieciocho largos años de cautiverio, Leonor se volcó en formarse. Leer, pintar, escribir o interpretar y componer música era la manera de que las horas pasaran rápidamente y, al mismo tiempo, el instrumento necesario para cumplir su propósito: ser ella misma. Convertirse en una mujer preparada y solvente que, algún día, consiguiera borrar aquel pasado traumático que la marcaba como miembro de una familia de presuntos traidores a la corona.

Lo cierto es que la vida en el monasterio no implicaba, contra lo que puede parecer, un total aislamiento social. Leonor no solo

45 El llamado «proceso de los Távora» conmocionó al Portugal del siglo XVIII. Los acontecimientos se desencadenaron por el intento de asesinato del rey José I en 1758, y culminaron con la ejecución pública de casi toda la familia Távora, a la que se acusó de estar tras el intento de regicidio en 1759. En la actualidad se cuestiona la curabilidad de los acusados —basada en la relación del monarca con Teresa de Távora— y se conceptúa el tema como un intento del marqués de Pombal de llevar a cabo una acción ejemplarizante para limitar los poderes de las familias de la más alta nobleza que se oponían a sus reformas.

mantuvo contacto epistolar con otras mujeres ilustradas de la época, como Teresa de Mello, sino que las salas conventuales eran frecuentadas por los llamados *outeiros*, poetas que recitaban sus composiciones ante las religiosas y que acabaron por convertir el reducto de Chelas en un peculiar «salón» literario. Uno de ellos, Francisco Manuel do Nascimento, más conocido como Filinto Elísio, se convirtió en profesor de latín de la joven Leonor y, al advertir su talento para la poesía, no dudó en impulsarla por el camino de las letras y divulgar sus primeras composiciones, que se publicaron años más tarde en el recopilatorio *Poemas de Chelas*, que firmó con el seudónimo de Alcipe, mientras que su hermana Maria Rita[46] era cantada por los poetas que las frecuentaban con el apelativo de Dafne.

En 1786, cuando tenía 26 años, subió al trono Maria I y, tras un laborioso proceso de investigación, la nueva soberana rehabilitó el buen nombre de los Távora y, en consecuencia, Leonor y su familia recuperaron la libertad. De inmediato, el marqués de Alorna abandonó su prisión en la torre de Belem y se dirigió a Chelas para, tras recoger a su esposa e hijas, partir hacia la *quinta* que poseía en Vale de Nabais, en las inmediaciones de Almeirim. Luego, con las heridas cerradas, se reintegraron a la corte de Lisboa.

Fue entonces cuando el talento de Leonor brilló excepcionalmente no solo como poeta, sino también como pintora llegando incluso a realizar algunos pequeños encargos para la reina Maria I. Allí conoció a un militar alemán, el conde Karl August von Oeynhausen-Grevenburg[47] (1739-1793), con el que poco después, en 1779, y en el transcurso de una solemne ceremonia en

46 Tras el cautiverio, Maria Rita se convirtió en condesa de Ribeira Grande por su matrimonio con Luís António José Maria da Câmara.

47 Karl August von Oeynhausen-Grevenburg hubo de convertirse al catolicismo para contraer matrimonio con Leonor.

la que los reyes Maria I y Pedro III ejercieron de padrinos, contrajo matrimonio. Fue una unión feliz y fecunda de la que nacieron nueve hijos[48], tres varones y seis mujeres. Precisamente, dos de ellas, Maria Frederica y Henriqueta, publicaron en 1844 las obras completas de su madre en seis volúmenes bajo el título de *Obras poéticas de D. Leonor d'Almeida Portugal Lorena e Lencastre, Marquesa d'Alorna, Condessa d'Assumar, e d'Oeynhausen, conhecida entre os poetas portugueses pelo nome de Alcipe.*

Leonor de Almeida Portugal, Marquesa de Alorna en Viena en 1780. Józef Pitschmann (1758–1834).

48 Leonor Benedita, marquesa de Alorna, Maria Regina, Juliana, Maria Federica, Carlos Ulrico, conde de Oyeuhausen; Henriqueta, Luisa, João Carlos y João Carlos Augusto.

Pese a los compromisos que hubo de adquirir a causa de los sucesivos nombramientos y responsabilidades políticas de su esposo, Leonor nunca dejó de escribir ni de mantener abiertas las puertas de sus diferentes residencias a las tertulias literarias. Por el contrario, su fama fue acrecentándose e incluso llegó a cruzar fronteras, ya que las labores diplomáticas de Von Oeynhausen la llevaron a frecuentar los salones de Viena, Berlín y París, donde no solo se introdujo en los círculos de la Ilustración y los saberes del llamado Siglo de las Luces, sino que trabó amistad con Madame de Staël y fue asidua de los salones literarios más importantes de París.

La inesperada muerte de su esposo en 1793 supuso un vuelco total en la vida de Leonor. Definitivamente instalada en Lisboa, siguió vinculada a los círculos intelectuales de la corte. Su estancia en Francia la había marcado profundamente y su pasión por la cultura gala le valió fama de librepensadora en la pía corte de Maria. Pese a ello decidió fundar la Sociedade da Rosa, al modo de los salones literarios franceses, un intento frustrado por el entonces intendente general de la policía Pina Manrique[49], que no solo ordenó el cierre de la institución, sino que, acusándola de afrancesada cuando las ambiciones de Napoleón sobre Portugal eran de dominio público, obligó a Leonor a un largo y doloroso exilio en Londres entre 1804 y 1814. La reivindicación de su nombre llegó, años después, de la mano de su nieto, José Mascarenhas, marqués de Fronteira[50], quien escribió en sus memorias:

49 Diego Ignacio de Pina Manique (1733-1805) fue intendente general de policía bajo la regencia de Juan IV. Desde este puesto se consagró a reprimir las teorías derivadas de la Revolución francesa, prohibiendo la impresión y distribución de libros y persiguiendo a diversos intelectuales.

50 José Trasimundo Mascarenhas Barreto, marqués de Fronteira, era hijo de la primogénita de Leonor, Leonor Benedita.

«Mi abuela odió toda su vida las sociedades masónicas y detestó a los jacobinos porque tenía siempre presentes las escenas de horror que había presenciado en París y Marsella, donde residía durante la época del Terror de la Revolución francesa. Por eso decidió organizar la Sociedade de la Rosa con el fin de combatir las ideas que la Revolución y las sociedades secretas habían difundido. Pero, a pesar de los esfuerzos de mi padre para apartar a mi abuela de su propósito, la Sociedade se constituyó y muchas personas se afiliaron a ella, como el célebre poeta Bocage, y en mi casa de Benfica se celebraron las primeras reuniones. En estos encuentros que tanto preocupaban a la policía se trataba de todo menos de política. Por el contrario, se hablaba de literatura, de arte, o se improvisaban recitales de música en los que mi madre y mis tías eran eximias intérpretes y se compartía un espléndido refrigerio. Todo contra la voluntad de mi padre —a pesar de su querencia por la Sociedade— y con el aplauso de mi madre, hija de poeta y poeta ella misma que gozaba enormemente de estas reuniones».

Solo la derrota de Napoleón en Waterloo y el regreso de la familia real a Lisboa, tras su exilio en Brasil, permitió a Leonor regresar de su exilio. Para entonces, la muerte sin descendencia de su hermano la había convertido en marquesa de Alorna. Nombrada dama de la reina Carlota Joaquina, se reintegró de pleno a la vida cortesana hasta que, en 1822, la muerte de su hijo Carlos Ulrico la sumió en una profunda depresión que la llevó a recluirse en la *quinta* de Vale de Nabais. Solo apareció en público con motivo de la apertura de las Cortes de 1826 o para asistir a la boda de la nueva reina, Maria II, con el príncipe Augusto de Leuchtenberg. Murió a los 89 años en su residencia de Almerim. Pasó, pues, sus últimos años tal como había vivido durante su infancia, enclaustrada. Esta vez, sin embargo, su carcelero no fue el marqués de Pombal sino la vida misma.

VII.
Los *salotti* italianos, antesala del Risorgimento

El pensamiento ilustrado o Illuminismo también enraizó en los diferentes Estados que componían la península itálica y brilló especialmente en ciudades como Milán o Nápoles con personajes de la talla del jurista y filósofo Cesare Beccaria (1738-1794) o los hermanos Pietro (1728-1797) y Alessandro Verri (1741-1816), fundadores en Milán del que fue uno de los órganos de prensa de las ideas ilustradas: *Il Caffé*. La cabecera del periódico no era un nombre al azar. Los cafés eran el lugar de reunión donde los varones discutían de política, filosofía o ciencia, pero donde la presencia femenina era escasa. En consecuencia, sus esposas, madres o amigas debieron buscar sus propios lugares de reunión y nada mejor para ello que abrir sus propias casas.

De hecho, los *salotti* o salones ya contaban, al igual que sus homólogos franceses, con poderosos antecedentes que se remontaban a las cortes renacentistas del *cinquecento*, donde nobles como Giulia Gonzaga Colonna (1513-1556) o cortesanas como Verónica Franco (1548-1591) acogían a artistas o pensadores y habían hecho de la conversación ingeniosa o de los enfrentamientos dialécticos un auténtico arte. Una tradición que continuó en el siglo XVII, pero que con el paso del tiempo y las especiales circunstancias políticas que se dieron en el mosaico de Estados italianos acabaron por derivar, a comienzos del siglo XIX, en núcleos más políticos que literarios donde se gestó el Risorgimento; es decir, el movimiento que concluyó con una Italia unificada.

Curiosamente, entre los precedentes de los *salotti* ilustrados, se encuentra la labor en el siglo XVII de una reina extranjera, Cristina de Suecia (1626-1689), quien, tras abdicar, se instaló en Roma, donde reunió en su residencia a artistas, hombres de letras, músicos y científicos a los que protegió y cuya presencia estructuró en forma de pequeñas academias. Así, una de ellas, la llamada Academia Real, se especializó en la unificación y concreción del idioma italiano al modo de la Academia Francesa. Por entonces, también María Mancini (1639-1715), sobrina del cardenal Mazarino y esposa del príncipe Colonna, abrió las puertas de su mansión romana a la discusión y el debate. No obstante, sería un siglo más tarde cuando se inició la época dorada de los *salotti*, cuando a la proliferación de cafés como lugar de intercambio cultural se unió la influencia del llamado Grand Tour, que sirvió de vehículo para introducir en tierras italianas los modos y formas al uso de las *salonnières* francesas o las *bluestockings* británicas.

EL *GRAND TOUR*

Como Grand Tour se conoce el periplo que desde finales del siglo XVII y hasta el siglo XIX llevaron a cabo los jóvenes británicos de las clases privilegiadas o de otras naciones europeas por diversos países del continente con el propósito de formarse culturalmente.

Por lo general, viajaban acompañados de un tutor pese a que uno de los requisitos fundamentales era haber cumplido la mayoría de edad, por entonces establecida en los 21 años. El recorrido solía comenzar invariablemente en París, considerada por entonces la capital cultural del Viejo Continente, continuaba por ciudades como Bruselas o Ginebra —donde hacia 1770 habían residido filósofos como Voltaire o Rousseau—, para acabar en Italia en busca de las raíces clásicas y el arte renacentista. Por lo general, una vez en tierras italianas se visitaban Milán, Florencia, Venecia y Roma, para concluir en Nápoles o llegar hasta Sicilia, un territorio popularizado por Goethe en su *Viaje a Italia*, donde recogió las vivencias de su estancia entre 1786 y 1788.

Lógicamente, la afluencia de viajeros alteró los tradicionales usos sociales. Era frecuente que los recién llegados se alojaran en casas de conocidos de igual raigambre social y, por tanto, no es de extrañar la divulgación de las ideas ilustradas. Si a ello se añade el hecho de que entre las damas aristócratas o burguesas ya germinaba la semilla de un cierto descontento ante su condición de inferioridad respecto a los hombres de su entorno, no es de extrañar que acogieran con entusiasmo las noticias que llegaban de Inglaterra o Francia sobre la existencia de salones literarios.

Así, en determinadas ciudades italianas, comenzaron a abrirse las residencias al debate cultural y artístico. Todos ellos se caracterizaban por normas comunes y estrictamente protocolarias. Los contertulios se sentaban formando un círculo y era la anfitriona quien no solo escogía el tema de debate, sino que moderaba el coloquio dando la palabra a aquel contertulio que lo demandara o que ella creyera que era el más adecuado para debatir el asunto. Los temas eran variados, pero tenían en común un cierto espíritu reivindicativo que pretendía reducir la misoginia existente a su mínima expresión y sentar las bases que concedieran a la mujer un lugar en el entorno cultural y social del momento.

NÁPOLES: LAS PRIMERAS *SALOTTIERE*

Antes de la subida al trono de Nápoles y Sicilia de la dinastía Borbón en la persona de Carlos II[51] y con él la consagración definitiva del pensamiento ilustrado, Nápoles era una de las ciudades del sur de Europa más cultas del momento. Ya en el siglo XVII comenzaron a aflorar los primeros salones ilustrados, que, si bien estaban regidos por varones como, por ejemplo, el jurista Nicola Caravita (1647-1717), no tardaron en ser capitalizados por damas aristocráticas o burguesas pero siempre cultas y dotadas de un gran interés intelectual.

Ese fue el caso de Aurora Sanseverino Gaetani (1669-1728), duquesa de Laureana por matrimonio, tenida por una de las mujeres más notables de su siglo. A raíz de un viaje a Roma, donde frecuentó la prestigiosa Accademia dell'Arcadia, en 1703 decidió abrir en su residencia napolitana un salón literario y artístico a modo de sucursal de la Academia Romana que denominó Colonia Sebezia dell'Arcadi. El propósito de esta era dotar a la poesía de una nueva normativa que limitara la emotividad barroca y se ajustara a los cánones clásicos. Entre los asistentes se encontraba el filósofo Giambattista Vico (1663-1744), quien contó con el apoyo de Aurora en su búsqueda de, al modo de los enciclopedistas, realizar una organización sistemática del saber humano tal como expuso en su *Scienza nuova*[52]. No fue el único en disfrutar del mecenazgo de la condesa de Laurenzana. Hacia 1703, Aurora construyó un pequeño teatro en su residencia del Palazzo Gaetana, en Piedimonte Matese, cerca de Caserta. Allí compuso y estrenó Georg Friedrich Händel (1685-1750) su cantata *Galatea e Polifemo* y Alessandro Scarlatti (1660-1725), su serenata para cinco voces y coro *La gloria di primavera.*

51 Futuro Carlos III de España.

52 *Nueva Ciencia.*

El ejemplo de Aurora no tardó en ser seguido por Ippolita Cantelmo Stuart Gaetani dell'Aquila d'Aragona (1677-1754), princesa de Roccella por su matrimonio con Vincenzo Maria Carafa. Como Aurora, Ippolita fue miembro de la Accademia dell'Arcadia y hacia 1720 abrió un salón literario en las estancias del suntuoso Palazzo Carafa, que la familia de su esposo había adquirido en 1717. El salón no tardó en convertirse en el más concurrido de Nápoles si bien el cambio de dinastía en 1738 y los sucesos políticos que la precedieron acabaron con la edad dorada de los *salotti* napolitanos, que solo resurgirían muchos años después para convertirse en el caldo de cultivo del Risorgimento.

LOS *SALOTTI* FLORENTINOS

La condición de la capital toscana de escala obligada en el Grand Tour y ciudad de arte la hacía objeto de deseo de cuantos viajeros llegaban a tierras italianas. De ahí que sus salones recibieran la visita de poetas o artistas llegados de Francia, Inglaterra o Alemania. Entre los más frecuentados estaban el de la poeta Fortunata Sulgher (1755-1834), quien, desde su salón, impulsó en la ciudad del Arno la normativa clasicista de la Accademia dell'Arcadia[53]; el de Luisa Stolberg-Gedern (1752-1834), esposa del pretendiente al trono inglés Carlos Estuardo y protectora del escritor Vittorio Alfieri (1748-1803); el de Fanny Targioni Tozzetti (1801-1889), alma del salón literario abierto en su residencia de la *via* Ghibellina e inspiradora del *Ciclo de Aspasia*, del poeta Giacomo Leopardi (1738-1789); el más tardío de la poeta Amelia

53 Fundada en Roma en 1690, la Accademia dell'Arcadia fue una institución literaria creada para depurar los excesos barrocos en favor de una poesía más austera y proclive al clasicismo.

Sarteschi Calani-Carletti (1802-1856), o el reputado salón de Teresa Ciamagnini Fabbroni (1763-1811).

Teresa nació en la villa toscana de Grosseto en 1763, pero creció en Florencia dado que, tras fallecer sus padres cuando solo era una niña, fue adoptada por Giuseppe Bencivenni Pelli (1729-1808), director de la Gallerie degli Uffizi, uno de los prohombres más importantes del Illuminismo. Pelli era, además, un ferviente defensor de la necesidad de facilitar a las jóvenes una buena preparación cultural negando la falacia adoptada por la sociedad de la pretendida inferioridad intelectual de las mujeres.

Su padre adoptivo fue consecuente con sus criterios y dio a Teresa una completísima formación en todos los campos del saber. La joven aprendió idiomas, ciencias, humanidades e incluso economía, arte o administración doméstica. A cambio, Pelli la mantuvo al margen de las diversiones de otras muchachas de su edad y la retuvo prácticamente al margen de la sociedad que, por edad, le correspondía convencido de que rodearla del ambiente intelectual en que él se movía contribuiría a fomentar su afán por el estudio y a consolidar sus conocimientos. No obstante, no pudo evitar que, en 1781, Teresa se enamorara del hijo de un comerciante de sedas y huyera del domicilio paterno para contraer matrimonio secreto con su amante. No contaba con que Pelli no estaba dispuesto a consentir que el amor interfiriera en sus planes. Acudió a la justicia, que le dio la razón al considerar que Teresa no había contado con su aprobación para la boda y consiguió que la unión se considerara nula. Poco después, casó a la joven con el naturalista Giovanni Fabbroni (1752-1822), director del Real Museo de Física e Historia Natural de Florencia, que, aunque era once años mayor que ella, le pareció más adecuado al perfil cultural de la que él consideraba como su obra maestra.

Lo cierto es que el matrimonio fue un éxito y, tras casarse, Teresa comenzó a frecuentar la sociedad florentina y a moverse en círculos científicos, artísticos e intelectuales a los que asombró por sus capacidades. Con la colaboración de su esposo, abrió un salón literario en su residencia que no tardó en convertirse en el mejor valorado de la ciudad del Arno y que fue frecuentado por personalidades como el jurista Giovanni Maria Lampredi (1731-1793), los poetas Giovanni Fantoni (1755-1807), quien la considero la primera de sus musas literarias, y Lorenzo Pignotti (1838-1812), Melchiore Casarotti (1730-1806), traductor de Homero y del *Canto de Ossian*[54], así como de personalidades extranjeras como Humboldt o el escultor Antonio Canova (1757-1822), quien residió largas temporadas en la mansión Fabbroni, que acudían al salón de Teresa atraídos por el nivel intelectual de su anfitriona, su capacidad para la vida social y su elocuencia. Salvo un pequeño paréntesis en 1810, cuando el matrimonio debió desplazarse a París, el salón permaneció abierto hasta la inesperada muerte de Teresa un año después a causa del tifus mientras preparaba la apertura de un nuevo salón en su mansión campestre a las afueras de Florencia.

Campo Vaccino (área de las ruinas del Foro Romano),
de Claudio de Lorena, Museo del Louvre.

54 Considerada la epopeya nacional escocesa, *Canto de Ossian* es un poema prerromántico de Jamen Macpherson (1736-1796).

EL SALÓN ROMANO DE MARGHERITA SPARAPANI

Durante el *settecento*, Roma vivió una de sus etapas más esplendorosas. El barroco vistió la ciudad con sus mejores galas: se levantaron numerosas iglesias y palacios y se urbanizaron barrios como el Trastevere o la *piazza* Navona. No obstante, el Illuminismo quiso ir más allá y poner en valor las raíces de una urbe que antes de adquirir su condición de capital de la cristiandad había sido cuna del imperio que había conformado la cultura occidental. Contribuyó a ello la recién descubierta pasión por la arqueología y, en concreto, el trabajo realizado por Johann Joachim Winckelmann[55] (1717-1768), instalado a orillas del Tíber desde 1760, donde ejerció como presidente inspector de las antigüedades de Roma. Muchos e ilustres visitantes acudieron entonces a la Ciudad Eterna desde todos los rincones de Europa para comprobar *in situ* el estado de las múltiples excavaciones y sus consiguientes descubrimientos. Para recibirles y debatir sobre los hallazgos, el peso de la Antigüedad clásica en la literatura y el arte o los temas más diversos, muchas damas nobles abrieron sus residencias en su mayoría organizándose en tertulias que solían ser monotemáticas. Entre ellas destacaron Giuliana Falconieri, princesa de Santacroce (1735.1816) y amante del erudito y embajador español en Roma José Nicolás de Azara (1730-1804), o Margherita Sparapani Gentili Boccapadule (1735-1820).

Única heredera de una noble y adinerada familia de Camerino (Marche), Margherita se instaló en Roma en 1760 tras contraer matrimonio con Giuseppe Boccapadule. Y no tardó en convertirse en una de las mujeres más influyentes de la sociedad romana.

55 Considerado el fundador de la arqueología, Winckelmann era un acérrimo enemigo del dramatismo barroco e insistía en racionalizar el arte buscado inspiración en la Antigüedad clásica.

El matrimonio, sin embargo, resultó un completo fracaso y, ante la prodigalidad y las infidelidades de Boccapadule y para escándalo de su entorno, Margherita no dudó en separarse y, en 1764, unirse al escritor Alessandro Verri (1741-1825), con el que compartió el resto de su vida. Juntos realizaron el célebre *Viaje por Italia* que Margheritta publicó en 1787 y cuya difusión por Francia e Inglaterra sirvió para incrementar el interés por las ciudades de arte italianas. Curiosa, inteligente y locuaz, Margherita simultaneó sus viajes con el mantenimiento del que se consideró uno de los mejores *salotti* romanos. Tanto que en la *Breve difesa dei diritti delle donne*[56], publicado en 1794 bajo el seudónimo de «Rosa California, condesa romana», se la describe somo: «La celebérrima señora marquesa Margherita Sparapani Gentili Boccapaduli es conocedora de la música, el dibujo, las lenguas francesa, inglesa y latina; erudita en la ciencia y la historia natural, temas de los que dispone de un rico museo y particularmente docta en el resto de ciencias. Está dotada de una elevada conversación tanto de estos saberes como de literatura y desempeña el papel de gentil anfitriona de los poetas romanos y de todo aquel forastero culto y noble que llega a la ciudad. Unos y otros se maravillan ante su erudición y la excelente respuesta que da a sus disertaciones».

Las guerras napoleónicas obligaron a reducir la actividad del salón de Margherita. No obstante, este permaneció abierto hasta su muerte en 1820 sin que su anfitriona dejara jamás de presidirlo.

56 Se ignora la autoría real de la *Breve difesa dei diritti delle donne*. Su contenido es similar a la *Vindicación de los derechos de la mujer* de Mary Wollstonecraf, pero en el texto se alude directamente a damas concretas de los salones italianos.

EL ESPLENDOR DE LOS SALONES VENECIANOS

Al igual que en Nápoles, Roma o Florencia, las damas ilustradas de otras ciudades italianas abrieron salones literarios. Ese fue el caso de Silvia Curtoni Verza (1751-1835), que en su residencia de la plaza Bra de Verona mantuvo un salón donde se estudiaba a los clásicos y especialmente a Dante; o la poeta Paolina Secco Suardo (1746-1801), cuyo salón en Bolonia fue visitado en varias ocasiones por Voltaire. Junto con estos y otros casos puntuales, fue en Venecia donde, a lo largo del siglo XVIII, los salones literarios presididos por mujeres conocieron un florecimiento extraordinario. Una magnificencia que se correspondía con una época de esplendor cultural y artístico y se contraponía, como en tantas ocasiones similares a lo largo de la historia, a la decadencia económica y política de la Serenísima República de Venecia. En la ciudad que pintaron Canaletto o Guardi pareció revivir el espíritu culto y refinado del *cinquecento* con la lógica consecuencia de una multiplicidad de *salotti* que, de alguna manera, evocaban las antiguas cortes renacentistas. Ese fue el caso del salón de Giustina Renier Michiel (1755-1832), nacida en el seno de una poderosa familia veneciana en la que se encontraban dos de los últimos dogos de la República. Giustina cursó sus primeros estudios en Treviso, desde donde, contra lo habitual en la época para una mujer de su clase, pasó a la universidad de Padua para cursar estudios de botánica, física y química. Su interés por las letras no se despertó hasta más tarde, cuando contrajo matrimonio con Marco Antonio Michiel, descendiente del célebre humanista del siglo XV de igual nombre, y durante un año se trasladó a Roma, donde su padre ejercía como embajador de la República. Una vez allí, el joven matrimonio no tardó en introducirse en la élite cultural y artística de la ciudad y en frecuentar, entre otros, el salón literario de Margherita Sparapani Gentili, donde parece ser que se despertó en Giustina su pasión por las letras, gracias entre otros al poeta Vincenzo Monti[57] (1754-1828), con quien mantuvo desde entonces y a lo largo de los años una estrecha amistad. De regreso a Venecia, cuando ya era madre de tres hijas, Elena, Clara y Cecilia, el matrimonio se separó. Según sus propias palabras, a causa de «dificultades de convivencia». Por entonces, Giustina ya regentaba su propio *salotto* en el palacio Contarina, donde contó con la presencia de poetas como Ugo Foscolo o Lord Byron, escultores como Antonio Canova, el ya citado Vincenzo Monti o el historiador y político Cesare Cantú. Como en tantos otros casos, fue la invasión napoleónica la que obligó a cerrar el salón de Giustina. No obstante, durante los diez años en que permaneció inactivo, su anfitriona no se apartó de la vida intelectual. Retomó su interés por la ciencia y se dedicó al estudio de la botánica y a traducir a Shakespeare al tiempo que escribía su obra más importante: los seis volúmenes que componen su *Origine delle feste veneziane*[58], un trabajo aún hoy indispensable para conocer la historia de Venecia.

Tras la caída de Napoleón y la consiguiente incorporación de la Serenísima al Imperio austrohúngaro, Giustina reabrió su salón y, pese a estar afectada de sordera, siguió al frente hasta su muerte en 1832.

Valga decir que el de Giustina no fue el único salón digno de ser mencionado en la Venecia del *settecento*. Con él rivalizaron, entre otros, los de Isabella Teotochi Marin Albrizzi (1760-1838) o Marina Chiara Querini (1757-1839). La primera, de origen griego, dejó cumplido testimonio de lo que fue su salón y de las personas que lo frecuentaron en su obra *Retratti*, publicada en 1807, y donde aparecen muchas de las personalidades del mundo del arte y de la cultura de su tiempo que se dieron cita en su salón, como

57 Vincenzo Monti (1754-1828), miembro de la Accademia dell'Arcadia, es el poeta más representativo del neoclasicismo italiano.

58 Origen de las fiestas de Venecia.

Lord Byron, Vittorio Alfieri, Antonio Canova o Madame de Staël, que visitó su salón en 1805 y con la que Isabella mantuvo una prolija correspondencia. Curiosamente, el avance napoleónico no implicó el cierre de su salón. Amante de la cultura francesa y defensora de las teorías de la Revolucion, Isabella trasladó su salón a Villa Albrizzi, a las afueras de Venecia, donde además de parcticarse el «arte de la conversación» se representó a los clásicos franceses, se leyó a Voltaire o se recibió, entre otras ilustres plumas galas, a François-René de Chateaubriand (1768-1849).

Por último, cabe citar también a Marina Chiara Querini (1757-1839), que, al igual que Isabella, nació en Corfú[59] en el seno de una noble familia, si bien desde la adolescencia residió en Venecia. Allí contrajo matrimonio en 1776 con el conde Pietro Giovanni Benzoni, un matrimonio que, si bien mantuvo las apariencias, no tardó en revelarse como un auténtico fracaso a causa de la ligereza de costumbres de la joven esposa. Aun así, Benzoni dio su apellido al hijo de Marina, Vittore Benzoni (1777-1822), quien con los años llegaría a ser un notable poeta y dramaturgo, nacido de una de sus muchas aventuras extramatrimoniales.

Rubia, de ojos claros y figura exuberante a decir de sus contemporáneos, Marina estaba dotada de una inteligencia poco común, a la que se unía una total falta de prejuicios. La fama de lo liviano de su conducta llevó al poeta Anton Maria Lamberti (1757-1832) a componer los versos *La biondina in gondoletta*[60], en los que se alude a su vida licenciosa. Un poema que posteriormente musicó Giovanni Simone Mayr (1763-1845) y sobre el que Franz Liszt realizó variaciones para piano en 1859 que aún se sigue interpretando. Pese a su fama de libertina, Marina acabó

59 Desde el siglo XIV hasta 1797, cuando por el Tratado de Campo Formio fue cedida a Francia, Corfú estuvo bajo la autoridad de la Serenísima República de Venecia.

60 *La rubia a bordo de la góndola.*

por convertirse en la principal animadora de la vida artística e intelectual veneciana. Por su salón literario pasaron muchos de los viajeros que acudían a la ciudad de los canales, entre los que se encontraban Lord Byron o Thomas Moore, artistas como Antonio Canova o científicos como Luca de Samuele Cognazzi (1776-1825), quien encontró refugio en el *palazzo* Querini Benzoni durante las campañas napoleónicas. No fue el único; el escritor Giovanni Rossini escribió: «Muchos exiliados que por su apoyo a Napoleón temían las represalias del Estado veneciano fueron salvados del infortunio gracias a la acción arriesgada e inteligente de quien, bajo la forma de Aspasia[61], resultó tener el corazón de Bradamante[62]».

Contra lo que hicieron Giustina Renier Michiel o Isabella Teotochi tras la firma del tratado de Campo Formio y la consiguiente anexión de Venecia al Imperio austrohúngaro, Marina cerró su salón. Su fama de afrancesada la llevó a tener que protegerse de las autoridades austriacas y a refugiarse en su residencia campestre retirada de la activa vida social que había mantenido hasta entones. Allí falleció en 1838 cuando contaba con 61 años.

MILÁN, LA CUNA DEL RISORGIMENTO

A diferencia de otras ciudades italianas, no fue hasta comienzos del siglo XIX cuando se afianzaron en Milán los salones literarios regentados por mujeres. Ciertamente, la ciudad brilló a mediados del siglo XVIII con la presencia de solventes intelec-

61 Aspasia de Mileto (476-400 a. C.) fue una cortesana y poeta amante de Pericles.

62 Bradamante es un personaje ficticio que aparece en *Orlando furioso*, de Ariosto. Experta y valiente guerrera, se le atribuye la condición de paladina de Carlomagno.

tuales ilustrados, pero estos limitaban su actividad a los cafés, que acabaron por convertirse en auténticos cenáculos culturales y políticos. Fue, sin duda, la efervescencia nacionalista que vivió la ciudad tras su anexión al Imperio austrohúngaro lo que acabó por conllevar la apertura de salones aparentemente literarios pero cuyas tertulias tenían una fuerte carga política más cercana al resurgir de los nacionalismos propio del Romanticismo que a la discusión artística o científica característica del Illuminismo. Ante la represión ejercida por las autoridades austriacas, la discreción que ofrecían las residencias privadas frente a los cafés acabó por convertir los *salotti* milaneses en caldo de cultivo para la puesta en marcha del Risorgimento e influyeron para que, en 1859, Austria cediera la ciudad al reino de Piamonte-Cerdeña, que, desde ese momento, capitaneó la lucha por la reunificación de Italia, un proceso largo y complejo que, hasta 1861, no consiguió transformar el mosaico de Estados, compuesto, entre otros, por los reinos de Piamonte-Cerdeña, de Lombardo-Véneto (bajo la autoridad del Imperio austrohúngaro) y de las Dos Sicilias, en el reino unificado de Italia bajo la dinastía de los Saboya.

En este sentido, cabe destacar, si bien no fue el único, el salón de la escritora y activista política Chiara Maffei (1814-1888), abierto en 1834 en la milanesa *via* Tre Monasteri. Nacida como Elena Chiara Carrara, desde 1832, cuando contrajo matrimonio con el escritor y poeta Andrea Maffei (1798-1885), tomó el apellido de su esposo. Poco después, Chiara abrió su salón, donde, gracias a los contactos de su esposo, acudieron muchos de los nombres señeros de la literatura y el arte milaneses de comienzos del *ottocento*, como el pintor Francesco Hayez (1791-1882), el escritor Alessandro Manzoni (1785-1873), Giovanni Pratti (1814-1884) o Giuseppe Verdi (1813-1901), con quien entabló una estrecha relación y quien le dedicó su *Vals en fa mayor*[63]. Discreta, culta y exquisita en el trato, Chiara no tardó en convertirse en el eje en torno al cual giraban las actividades del salón. El escritor francés Honoré de Balzac (1799-1850), que lo visitó con ocasión de un viaje a Milán, escribió de ella: «A lo largo de mi vida he conocido a mujeres de casi todos los países de Europa, pero ninguna me ha impresionado tanto como Chiara Maffei: profunda en la palabra, perfecta en los modos y las formas, inteligente y sabia».

Chiara Maffei. Óleo sobre lienzo por Francisco Hayez (1835).

63 La partitura del *Vals en fa mayor* de Verdi se creyó perdida hasta mediados del siglo XX. Descubierta en una librería de viejo de Milán, el compositor Nino Rona la orquestó para la célebre escena del baile de la película *El gatopardo* de Luchino Visconti.

Poco a poco el salón acabó por ser feudo único de Chiara, mientras que Andrea, mujeriego y jugador, fue apartándose de las actividades literarias y alejándose de su esposa hasta que, en 1842, el matrimonio acabó por romperse. Dos años después, Chiara conoció a Carlo Tenca (1816-1883), con el que inició una apasionada relación amorosa y quien despertó en ella la pasión por la política. Además de escritor, Tenca estaba vinculado a los círculos nacionalistas de la ciudad. Su pensamiento fue decisivo en el viraje del salón Maffei, que, por entonces, Chiara, tras divorciarse de su esposo, había abierto en el número 46 de la actual *via* Manzoni milanesa. Desde allí, en 1848, se coordinaron muchas de las acciones de las llamadas Cinque Giornate[64], que convulsionaron Milán, lo que, tras el fracaso de los rebeldes nacionalistas, obligó a Chiara —siempre en compañía de Tenca— a exiliarse por un año en Suiza. A su regreso, abrió un nuevo salón en el número 21 de *via* Bigli, donde acogió a muchos de los colaboradores de *Il Crepuscolo*, el periódico fundado por Tenca en 1850 que tuvo una influencia decisiva en el desarrollo del Risorgimentto. Fiel seguidora de Víctor Manuel II, Chiara consiguió ver realizado su sueño de una Italia unida bajo la corona del *re galantuomo*, ya que falleció de meningitis en 1886. Su entierro en el Cementerio Monumental de Milán no solo reunió a todas las fuerzas políticas del momento, sino que consistió en una sentida manifestación de duelo popular.

---

64 *Le Cinque Giornate* fue un levantamiento popular contra el Imperio austrohúngaro que tuvo lugar en Milán entre el 18 y el 23 de marzo de 1848. Aprovechando es estallido liberal en Austria, los nacionalistas lombardos se levantaron contra la ocupación imperial. Pese a la victoria inicial y el apoyo del rey de Piamonte-Cerdeña, los austriacos lograron imponerse y no renunciaron a sus posesiones en Lombardía hasta 1859.

VIII.
España: la Junta de Damas de Honor y Mérito y los salones aristocráticos

En España, el pensamiento ilustrado coincidió con los reinados de Fernando VI (1713-1759) y Carlos III (1716-1788). Sin embargo, el estallido de la Revolución francesa en 1789 y el temor a la difusión de las ideas revolucionarias frenó todo reformismo en la política de la corona, mientras que el pueblo, muy influenciado por el clero, secundaba las posturas más conservadoras. No obstante, pese a que las teorías ilustradas no desembocaron en una revolución burguesa hasta mucho tiempo después que en Francia, la Ilustración fue un tiempo de renovación social y política en la que brillaron nombres como los del ensayista Padre Feijoo (1676-1764), los juristas y ministros de la corona Campomanes (1723-1802), Aranda (1719-1798) y Jovellanos (1744-1911) o el historiador Antonio de Capmany (1742-1813), entre otros, y, tal como se indica en la introducción, se fomentó el trabajo de las Reales Academias de la Lengua, de la Historia y de la Medicina o la creación de entidades de discusión como las sociedades económicas de amigos del país[65], que tenían como objetivo la modernización del reino.

No obstante, al igual que en el resto de Europa, los ilustrados seguían excluyendo a las mujeres de las nuevas formas sociales. La tradición adjudicaba la vida pública al varón y dejaba en manos femeninas la esfera privada, algo que no varió con las nuevas formas reformistas. De ahí que, como se hizo en el resto del mundo occidental, las españolas aprovecharan los escenarios que se creían propios de su sexo, es decir, el hogar, para reivindicar cuestiones como el derecho a la misma educación que recibían los varones, la discusión intelectual o el fomento de las artes y las ciencias. Es más, puesto que la beneficencia siempre había estado a cargo de manos femeninas tanto religiosas como laicas, las damas ilustradas aprovecharon esta actividad para tener un papel activo en la sociedad. Nació así, entre otras asociaciones, la Junta de Damas de Honor y Mérito, vinculada a la Sociedad Económica Matritense de Amigos del País[66].

---

65 Las sociedades económicas de amigos del país nacieron en España (aunque también existieron en Suiza o Irlanda) como instrumentos de difusión de las nuevas ideas ilustradas. Carlos III las puso bajo protección real. Nacieron en el País Vasco y se extendieron de forma provincial o local por el resto de España, siendo la más importante la Sociedad Matritense de Amigos del País, un proyecto de Campomanes, que estableció los estatutos que debían regir en el resto.

66 Las sociedades económicas de amigos del país eran asociaciones destinadas a difundir el pensamiento ilustrado. Impulsadas por Carlos III, gozaban de la protección de la corona y fueron uno de los instrumentos del reformismo borbónico.

LA JUNTA DE DAMAS DE HONOR Y MÉRITO

Creada en 1787, la Junta de Damas de Honor y Mérito nació como un espacio donde sus miembros se propusieron «establecer y radicar la buena educación sin distinción de clase o sexo, mejorar las costumbres con su ejemplo y con sus luces, introducir el amor al trabajo y fomentar la industria». Su lema era «Socorrer enseñando» y sus integrantes —en su mayoría, aristócratas— trabajaron para mejorar las condiciones de la Real Inclusa de Madrid y abrieron las llamadas Escuelas Patrióticas, en las que compartían aula niños y niñas, así como la de Bordados y la de Flores Artificiales para que las mujeres más desfavorecidas tuvieran un oficio con el que ganarse el sustento. Las propias organizadoras se encargaban *a posteriori* de gestionar las ventas de los artículos realizados en estos últimos centros a fin de que las ganancias sirvieran para el mantenimiento de las propias escuelas.

Hay que tener en cuenta que la Ilustración promovía fundamentalmente el utilitarismo. De ahí que se valorara la labor de la mujer en el ámbito del hogar por lo que tenía de útil a la sociedad. De hecho, hasta entonces y como bien apunta Margarita Ortega López en su amplio estudio sobre la educación de la mujer en la Ilustración española, no había prohibición alguna para que las mujeres fueran educadas en las escuelas públicas urbanas; simplemente no se reconocía esta práctica en una sociedad que creía más útil a una mujer preparada para las tareas domésticas y potenciaba determinados aspectos temperamentales como la sensibilidad, la paciencia, la humildad, etc., que poco tenían que ver con la cultura racionalista reservada para los hombres. Tanto en el campo como en la ciudad se consideraba que la mujer no precisaba de conocimientos de latín o matemáticas, sino de aquellos que la preparaban para dirigir un hogar. La madre se erigía así en la mejor maestra y en la mantenedora de un sistema de vida ancestral en el que primaban las enseñanzas de cocina, bordados, costura, algún conocimiento de lectura y el dominio de las prácticas piadosas. Es más, en las clases altas, la formación materna se completaba, con la inestimable ayuda de ayas o institutrices, con la formación impartida por religiosas en conventos, donde se recluía a las jóvenes a la espera de un matrimonio ventajoso.

Es evidente que las integrantes de la Junta de Damas no comulgaban con tales principios. De ahí que, descontentas con tal estado de las cosas, las damas de la Junta, pertenecientes en su mayoría a las élites dirigentes y como tales dueñas de una mayor preparación cultural, lucharan denodadamente por cambiar esta situación. Desde las Escuelas Patrióticas, la Junta defendía el derecho a la educación de las niñas al estilo de la Blue Stocking Society londinense, una tarea que se concretizó más allá del Siglo de las Luces hasta el punto de que aún se mantiene activa. Valga como ejemplo el hecho de que, en 1807, Carlos IV (1748-1819) autorizó que la Junta de Damas creara la Escuela de Niñas de la Paz y que, en 1838, la regente María Cristina de Borbón-Dos Sicilias (1806-1878) permitiera la apertura de la Escuela de Enseñanza Mutua para Niñas. Con iniciativas de este calibre bien puede decirse que el camino en pro de la presencia femenina en las aulas españolas a cualquier nivel educativo se inició gracias a aquellas esforzadas ilustradas de la Junta de Damas de Honor y Mérito.

La labor de la primera presidenta de la entidad fue definitiva. María Josefa de la Soledad Alfonso-Pimentel y Téllez-Girón, duquesa de Benavente y de Osuna (1752-1834), inteligente y expeditiva, supo poner su patrimonio y sus energías a favor de conseguir una mayor preparación para aquellas mujeres que carecieran de sus privilegios de cuna. Sus méritos personales la llevaron a ser recibida excepcionalmente como miembro de la Sociedad Económica Matritense de Amigos del País pese a que no estaba prevista la incorporación de una mujer entre sus miembros. Y precisamente por el escándalo que produjo su admisión, y más tarde la de Josefa Amar y Borbón —de la que se hablará más adelante— en la correspondiente Sociedad de Amigos del País de Zaragoza, fue por lo que Carlos III decidió autorizar la creación de la Junta de Damas, de manera que dio un espacio político y reformista propio a las damas ilustradas españolas.

En la Junta de Damas trabajó también María Isidra Quintina de Guzmán y de la Cerda (1767-1803), más conocida como la Doctora de Alcalá, la primera mujer reconocida en España como académica de la lengua. María Isidra había crecido en una familia extraordinariamente culta, la de los marqueses de Aguilar de Campoo. Su bisabuela materna, la condesa de Paredes de Nava (1649-1721), había sido mecenas de la poeta mexicana sor Juana Inés de la Cruz (1649-1695) y la familia había seguido su ejemplo protegiendo a literatos y artistas que acompañaron a María Isidra desde su niñez. La fama de María Isidra como mujer culta y estudiosa la distinguía de los usos sociales de la España dieciochesca. Solo tenía 16 años cuando se la admitió, pese a la oposición de algunos de sus miembros, como miembro de la Real Academia de la Lengua y, poco después, de la de Historia. Asimismo, obtuvo el título de doctora y maestra en la Facultad de Artes y Letras de la Universidad de Alcalá, lo que la convierte en la primera doctora de la historia de la universidad española, si bien fue a título honorífico y no tras seguir las normas académicas, como sucedió a fines del siglo XIX cuando Dolors Aleu (1857-1913), Helena Masseras (1853-1901) o Martina Castells (1852-1889), entre otras, se doctoraron en Medicina.

LA ACADEMIA DEL BUEN GUSTO

La creación de la Junta de Damas de Honor y Mérito no fue óbice para que algunas de sus integrantes abrieran en sus residencias sus propios salones literarios. Salones que, si bien no fueron tan influyentes como los franceses, sí contribuyeron a la pequeña revolución llevada a cabo por la mujer en el siglo XVIII.

Madrid, de hecho, contaba con un honroso precedente: la Academia del Buen Gusto, presidida por la condesa de Lemos. Operativa entre 1749 y 1751, la Academia fue un salón literario, el primero en el tiempo de los salones madrileños, presidido por María Josefa de Zúñiga y Castro (1718-1771), condesa de Lemos por matrimonio y marquesa de Sarria por intitulación[67]. Al estilo de los primeros salones literarios romanos, sus asistentes escritores, músicos o pintores mantenían roles muy concretos en relación con sus propias disciplinas y, al ingresar, tomaban un seudónimo (el Humilde, el Difícil, el Justo, el Desconfiado o el Delfín, entre otros) por el que se referían entre ellos. La Academia tenía su sede en el palacio de la condesa en la calle del Turco. Esta había apoyado incondicionalmente la iniciativa del historiador Agustín Montiano[68] (1677-1764) y de Alonso Verdugo, conde de Torrepalma (1700-1767), ambos vinculados a la granadina Academia del Trípode[69], de fundar la institución, pero, pese a no ser por propia iniciativa, lo cierto es que la condesa de Lemos fue el alma del salón y tuvo a su cargo su organización y mantenimiento al tiempo que ejercía como mecenas de jóvenes poetas.

María Josefa de Zúñiga, hija de los duques de Béjar, contrajo matrimonio cuando solo tenía 17 años con su tío Ginés Ruiz de Castro, conde de Lemos, cincuenta y dos años mayor que ella y

67 El título de Sarria era propiedad de una tía abuela de la condesa y, dado que esta no tenía descendencia, María Josefa se autoproclamó como heredera de este.

68 Montiano había frecuentado en Roma la Accademia dell'Arcadia y fue uno de los fundadores de la Real Academia de la Historia.

69 La Academia del Trípode de Granada tuvo una vida efímera y acabó con el traslado a Madrid del conde de Torrepalma en 1746. La función de sus integrantes, en su mayoría poetas, era reverdecer para la poesía las formas y los modos barrocos y, en especial, el gongorismo.

del que enviudó en 1741. Fue entonces, una vez pasado el luto prescrito por las normas sociales de la época, y tras contraer nuevas nupcias con el militar Nicolás de Carvajal (1696-1770), cuando la joven marquesa abrió sus estancias a la Academia del Buen Gusto, que celebraba allí sus sesiones mensuales.

No obstante, pese a su prestigio social, la Academia no contó entre sus asistentes con lo más granado de la poesía neoclásica hispana o al menos así lo indicó en una carta uno de sus más insignes asistentes, Diego de Torres Villarroel (1694-1770), quien escribió: «Aquí estoy en Madrid y en la casa de la Lemos. Marquesa hermosa, dulce presidenta que no solo convoca sino también actúa[70] y tienta con su dulce chocolate al caballero, al clérigo, al abate, que traen papelillos tan bizarros que fuera mejor gastarlos en cigarros». Cabe pensar que con su ironía Torres Villarroel se refería a las continuas discusiones que se producían en la Academia entre los partidarios de la estética neoclásica y los de las corrientes propias del barroco. Ello acabó por formar dos sectores irreconciliables que provocaron el cierre del salón en 1751.

LOS SALONES ARISTOCRÁTICOS

La Academia, pese a una cierta distancia en el tiempo, pasó el testigo a cinco salones presididos por otras tantas aristócratas que acabaron por ser el centro de la vida social de la época y que tuvieron como anfitrionas a la duquesa de Alba, la duquesa de Osuna, la condesa de Montijo, la marquesa de Fuerte-Híjar y a Mariana de Waldstein, marquesa de Santa Cruz. Esta última,

70 La condesa de Lemos solía actuar en las representaciones dramáticas que se llevaban a cabo en su propio teatro. Varios de sus contemporáneos afirman que tenía grandes dotes escénicas.

además, es un excelente ejemplo de la unión entre la actividad académica y el mantenimiento de su propio salón. Waldstein (1763-1808) fue admitida en la Academia de Bellas Artes de San Fernando en 1782, de la que llegó a ser directora honoraria. Excelente pintora, en su salón dedicado por completo a la disertación artística se recibía a pintores como Francisco de Goya (1746-1928) o Isidro Carnicero (1736-1804), quien había sido maestro de pintura de la anfitriona.

La duquesa de Osuna. Óleo sobre lienzo por Francisco de Goya, conservado en la Fundacion March de Palma de Mallorca.

Muy distinto fue el salón presidido por María del Pilar Teresa Cayetana de Silva y Álvarez de Toledo, duquesa de Alba (1762-1802), donde primaba la diversión y se conspiraba contra el valido Manuel de Godoy[71]. Célebre por la leyenda que la une a Goya, con quien mantuvo una estrecha relación, Teresa de Silva, como se la conocía, heredó el salón que ya había mantenido su madre María del Pilar Ana de Silva-Bazán y Sarmiento[72] (1739-1784) en el madrileño palacio de Buenavista, hoy sede del Cuartel General del Ejército. De hecho, la mansión de los duques de Alba era un verdadero parnaso cultural y artístico gracias a la impronta del duque Fernando de Silva, quien había frecuentado en París a Rousseau, D'Alembert, Diderot o Voltaire. Impregnado del espíritu enciclopedista, proporcionó a su nieta una exquisita formación cultural y artística y Teresa creció entre cuadros de Tiziano, Rafael, Ribera, Correggio o Velázquez, y rodeada de los mejores hombres de letras o artistas del Madrid de la época. Un perfil que no parece coincidir con la imagen que la tradición popular tiene de ella: la duquesa castiza, amiga de frecuentar barrios populares y festejos tradicionales en compañía de majas y chisperos. Sin embargo, fue así. Una dualidad que posiblemente obedecía a que, casada muy joven con su primo José Álvarez de Toledo (1756-1796), duque de Medina-Sidonia, y siempre envuelta en la rigidez propia de su linaje, escaparse de las paredes de palacio le proporcionaba un ansiado soplo de libertad. Ello no fue óbice para que su salón fuera uno de los más concurridos de

---

71 Manuel de Godoy había pasado de simple guardia de *corps* a favorito de la corona. Como primer ministro, su poder era omnímodo, lo que le valió la enemistad de los sectores tanto aristocráticos como liberales. El salón de la duquesa de Alba fue uno de los centros de reunión abiertamente opuesto al valido.

72 La duquesa de Huéscar, título que ostentó por matrimonio, también conocida como Mariana de Silva, fue escritora, pintora y traductora. Una de las mujeres más brillantes de su tiempo, hoy injustamente olvidada.

Madrid y reputado como aquel que ofrecía mayores diversiones a los asistentes.

El salón de Teresa de Silva rivalizaba con el de otra «grande» de España, María Josefa de la Soledad Alfonso-Pimentel y Téllez-Girón (1752-1834), duquesa de Benavente y duquesa de Osuna por su matrimonio con su primo Pedro de Alcántara Téllez Girón (1786-1851). Culta, refinada y resuelta, la duquesa no solo fue la creadora de la Junta de Damas de Honor y Mérito, sino que su salón fue el más importante del Madrid ilustrado. Las reuniones tenían lugar en su palacio ubicado en la finca El Capricho, a escasos kilómetros de la corte, donde los duques se habían trasladado siguiendo la moda francesa de habitar en las proximidades de la capital. Así, los Alba alternaban Buenavista con el palacete que mandaron construir en sus posesiones de la Moncloa, hoy residencia del presidente del Gobierno, mientras que los Osuna compraron, en 1783, la Alameda que hoy lleva su nombre cercano a Barajas. Allí, en un entorno cuajado de fuentes, templetes, lagos y un frondoso jardín de estilo francés, la duquesa recibió a personalidades como Francisco de Goya, quien realizó para la duquesa varios cartones para tapices y participó en la decoración interior del palacio; don Ramón de la Cruz (1731-1794), quien, por expreso deseo de la duquesa, tuvo en El Capricho «casa y comida»; el dramaturgo Leandro Fernández de Moratín (1750-1828), o el fabulista Tomás de lriarte (1750-1791), creando una pequeña corte literaria donde se discutía de filosofía tanto como se escuchaba música o se degustaban exquisitos manjares traídos de Francia, un auténtico lujo para la época. Grandes melómanos, los duques de Osuna llegaron a tener llegaron a tener su propia orquesta y a contratar al italiano Luigi Boccherini (1743-1805) en 1786, quien puso música al libreto *Clementina*, de don Ramón de la Cruz, para su estreno en El Capricho. La residencia de los Osuna disponía de su propio teatro y en él se representaron gran cantidad de obras, como, por ejemplo, *Donde menos se piensa, salta la liebre*, de Iriarte, o *El día de campo*, de don Ramón de la Cruz.

Reputado como el mejor y más importante salón de Madrid, la británica Elizabeth Fox, baronesa de Holland (1771-1845), quien lo visitó en 1791 y cuya correspondencia con Jovellanos constituye un verdadero reportaje de la época, escribió que la duquesa era, sin duda, «la más inteligente e informada mujer de su siglo en España».

Lejos de la sofisticación intelectual del salón de la duquesa de Osuna se encontraba el muy concurrido salón de María Francisca de Sales Portocarrero de Guzmán y Zúñiga (1764-1808), condesa de Montijo y de Teba por derecho propio[73] y marquesa de Ariza por su matrimonio con Felipe Antonio de Palafox (1739-1790). Extremadamente religiosa, la condesa quiso dar a su salón una vertiente mística que compaginaba con su dedicación a la beneficencia como secretaria de la Junta de Damas de Honor y Mérito y el mecenazgo de algunos artistas y escritores. María Francisca había crecido en las Salesas Reales[74], la institución creada por la reina Bárbara de Braganza, esposa de Fernando VI, para dar instrucción a las jóvenes de la nobleza, y allí recibió una esmeradísima formación. Con solo 14 años contrajo matrimonio con el marqués de Ariza[75], del que enviudó en 1790. Años más tarde volvería a contraer matrimonio con el ilustrado Estanislao Lugo y Medina (1758-1833), si bien se trató de un matrimonio secreto puesto que él no pertenecía a la nobleza. Por entonces, Lugo era uno de los más fieles asistentes al salón de la condesa en su palacio

73 El título lo heredó años después su nieta, la que fuera emperatriz de Francia, Eugenia de Montijo.

74 Su madre, al enviudar, profesó como religiosa y, al quedar bajo custodia de su abuelo, el conde de Montijo, este la internó en las Salesas.

75 Del matrimonio nacieron ocho hijos de los que solo seis llegaron a la edad adulta. Uno de ellos fue el célebre «tío Pedro», que formó parte del partido fernandino y capitaneó el Motín de Aranjuez contra Godoy.

de la madrileña calle del Duque de Alba. Como él, lo frecuentaban académicos, eclesiásticos y escritores para disertar sobre religión, teología y política, lo que le distinguió de otros salones cortesanos mucho más frívolos.

Sus ideas ilustradas y el firme propósito de la condesa y sus contertulios de conseguir una visión de la religión alejada de todo fanatismo junto con el hecho de que la condesa tradujera la obra *Instrucciones sobre el matrimonio*[76], del clérigo jansenista Nicolás de Letourneaux, acabaron por acarrear al salón la acusación de jansenista, lo que provocó que el Santo Oficio ordenara el cierre del salón y la condena al destierro de muchos de sus asistentes, incluida la anfitriona, quien, tras permanecer un tiempo en sus posesiones de Extremadura, se trasladó a Logroño, donde murió en 1808.

Muchas menos suspicacias levantó el salón de María Lorenza de los Ríos y Loyo (1761-1817), marquesa de Fuerte-Híjar, con la que la condesa de Montijo mantuvo una estrecha amistad. Poeta y dramaturga, tras residir un tiempo en Valladolid, donde abrió un primer salón y, en 1783, una extensión de la Junta de Damas, se instaló en Madrid, donde su segundo esposo, Germán Salcedo y Somodevilla (1748-1810), fue nombrado subdelegado de Teatros y director de la Real Sociedad Económica Matritense de Amigos del País.

Entre 1811 y 1817 fue presidenta de la Junta de Damas, puesto desde el que dictó una serie de disposiciones a fin de reformar las condiciones de la cárcel de mujeres y creó el Montepío de Hilazas con el fin de ofrecer trabajo a las jóvenes cuando acababan sus estudios en las Escuelas Patrióticas. Tan arduo trabajo no fue óbice para que, en unión de su esposo, atendiera a los asistentes

76 La obra estaba prologada por el obispo de Barcelona Josep Climent, donde se instaba a la condesa a dar a sus hijos la más «racional y cristiana educación en una sociedad oscurantista».

a su salón, ubicado en su mansión de la plaza de Santa Catalina de los Donados, entre los que se encontraba el tenor, compositor y musicólogo Manuel del Pópulo García (1735-1832), padre de la eximia María Malibrán, el actor Isidoro Máiquez (1768-1830) o el dramaturgo Nicasio Álvarez de Cienfuegos (1764-1809), que colaboraban con la marquesa a la hora de celebrar veladas musicales o teatrales, entre las que se encontraban las escritas por la propia María Lorenza, como *La sabia indiscreta o El Eugenio*. La invasión napoleónica obligó a cerrar el salón y, desde ese momento, la marquesa, retirada de toda actividad social, se consagró en exclusiva a sus actividades benéficas. Falleció en su domicilio madrileño en 1817.

UNA BURGUESA ILUSTRADA: JOSEFA AMAR Y BORBÓN

Pese a encontrar eco en sectores aristocráticos, la Ilustración fue un movimiento esencialmente burgués. Bien puede decirse, pues, que los salones madrileños fueron una excepción. De ahí que a la hora de hablar de un prototipo de mujer ilustrada no pueda obviarse la figura de la zaragozana Josefa Amar y Borbón, quien, aunque abrió un pequeño salón en la capital aragonesa, ocupó la mayor parte de su tiempo en colaborar con la Junta de Damas a fin de lograr para sus congéneres el derecho a una educación similar a la que recibían los varones. Así pues, Josefa sería sin duda el prototipo de mujer ilustrada: culta, reformista y dispuesta a conceder a sus congéneres un lugar en la sociedad civil.

Nacida en la capital aragonesa en 1749, Josefa Amar y Borbón fue hija del que fuera médico personal de Fernando VI y Carlos

III, José Amar y Arguedas[77]. La vinculación familiar con la medicina fue, sin duda, definitiva para que Josefa se interesara por las cuestiones relacionadas con la salud de la mujer en una época en la que la mortalidad a consecuencia de embarazos y partos alcanzaba cifras muy altas, pero sobre todo dedicó su vida a defender la capacidad femenina para el estudio y las actividades intelectuales y políticas.

Siendo muy niña, las responsabilidades de su padre en la corte obligaron a la familia a trasladarse a Madrid y allí fue donde Josefa recibió una completa formación en humanidades que solo se interrumpió al contraer matrimonio en 1772 con un abogado aragonés, Joaquín Fuertes Piquer (1720-1798), que le doblaba la edad y con quien regresó a Zaragoza. Fue él quien, como miembro activo de la Real Sociedad Aragonesa de Amigos del País[78], la introdujo en la asociación, por lo que se convirtió, pese a la fuerte oposición de algunos de sus miembros, en una de las primeras mujeres en formar parte de esta. No es de extrañar que, tras la creación de la Junta de Damas, la duquesa de Osuna la reclamara para formar parte de esta. En ambas organizaciones desarrolló una interesante labor tanto en el desarrollo y la promoción de proyectos asistenciales y de caridad como en otras actividades centradas en la controversia sobre la capacidad intelectual de las mujeres. De inteligencia despierta, su conocimiento del francés, el inglés y el italiano le permitieron estar en contacto con el pensamiento de la Europa de su tiempo y especialmente con las obras de los ilustrados franceses. Contra lo que era común

77 Toda la familia de Josefa Amar estaba vinculada a la medicina. Además de su padre, su abuelo materno, Miguel Borbón y Berné, fue cirujano en el Hospital de Nuestra Señora de Gracia de Zaragoza y también médico personal de Fernando VI. Su bisabuelo materno, Felipe Borbón, autor de *Medicina doméstica*, fue también un célebre facultativo y profesor universitario en la capital aragonesa.

78 Fundada en 1776.

en la época, se mostró siempre enemiga de la extrema religiosidad que practicaban muchas de sus congéneres hasta el punto de desaconsejar que las niñas se educaran en colegios de monjas y recomendar la enseñanza laica reservando las prácticas religiosas a la intimidad familiar. Traductora de obras científicas y enciclopédicas, su *Discurso en defensa del talento de las mujeres, y de su aptitud para el gobierno*[79], que dictó en Zaragoza para defender la incorporación de las mujeres a las sociedades económicas de amigos del país, es uno de los alegatos más rotundamente feministas de su época. Sus argumentos se basan en la historia: «En todos los países y en todos los tiempos ha habido mujeres que han hecho progresos hasta en las ciencias más abstractas», y la experiencia: «... cuando estos —los hombres— han florecido en las letras, siempre han tenido compañeras e imitadoras en el otro sexo». Lamentablemente no se conserva ningún ejemplar de la que fue una de sus obras más definitorias de su pensamiento, *Importancia de la instrucción que conviene dar a las mujeres*, de la que solo se sabe que fue impresa en Zaragoza en 1784. Cabe pensar que su contenido fuera similar al de *Discurso en defensa del talento de las mujeres, Oración gratulatoria a la Junta de Señoras* o *Discurso sobre la educación física y moral de las mujeres*, escritos entre 1787 y 1790, en donde defendía la igualdad en capacidades de ambos sexos e insistía en la aptitud de las mujeres para el desempeño de cualquier función política o social. En este último demuestra fehacientemente su preocupación por la salud de la mujer mediante recomendaciones y recetas destinadas a procurar el mantenimiento de la salud femenina y de recomendaciones para el cuidado de los más pequeños por parte de sus madres. Un extenso trabajo sobre el embarazo, el parto, la lactancia y la atención a los recién nacidos que le valió

79 Ver Apéndices.

ser aceptada como miembro honorario de la Sociedad Médica de Barcelona. La segunda parte de esta obra es un completo fresco del ideario pedagógico de las mujeres ilustradas en el que no solo se insiste en la necesidad de plantear e impartir una educación para las mujeres mediante el estudio de materias como lengua, geografía, historia y aritmética, así como de idiomas clásicos y modernos, sino también de enseñanzas prácticas. Las encargadas de esta serían las propias familias con un destacado papel de la madre a fin de que, de esta forma, se formara una sucesión intemporal que tendría como resultado el encadenamiento de nuevas generaciones de mujeres capaces y autosuficientes.

EN LA CORTE DE JOSÉ I: LA MARQUESA DE MONTEHERMOSO

Aunque la actividad de la mayoría de salones quedó interrumpida por la invasión napoleónica, hubo una excepción: la tertulia que mantuvo primero en Vitoria y luego en Madrid la marquesa de Montehermoso, amante de José I (1768-1844). María del Pilar de Acedo y Sarria (1784-1868) nació en Tolosa en 1784. Condesa de Echariz por nacimiento, creció en un entorno ilustrado ya que tanto su padre como su abuelo eran miembros muy activos de la Sociedad Bascongada de Amigos del País. A la misma institución pertenecía también Ortuño de Aguirre y del Corral (1767-1811), marqués de Montehermoso, con quien María del Pilar contrajo matrimonio en 1800. El marqués, afrancesado confeso, no dudó en acoger en su palacio de Vitoria a José Bonaparte cuando en 1808 cruzó los Pirineos a fin de hacerse cargo de su nuevo reino. El monarca tenía justificada fama de hombre galante y no tardó en caer rendido ante la joven marquesa, que, a decir de sus contemporáneos, no solo era una belleza, sino que tenía un talante distinguido, una conversación amena, hablaba perfectamente francés e italiano, era una consumada miniaturista y una excelente intérprete de guitarra. Bonaparte pudo comprobarlo al asistir a una de las veladas que organizaba su anfitriona y a las que asistían los miembros más conspicuos de la sociedad alavesa con un denominador común: ser liberal, promover el pensamiento racionalista y condenar la excesiva piedad de sus convecinos, así como los abusos del Santo Oficio, especialmente como censores del pensamiento libre. Parece ser que el marqués no se opuso en ningún momento a la relación adúltera de su esposa. Por el contrario, aceptó el nombramiento de gentilhombre de cámara de José I, la grandeza de España para su título y se convirtió en su hombre de confianza. Así, en 1809, siguiendo a José I, los Montehermoso se trasladaron a Madrid, donde María del Pilar se convirtió en una de las mujeres más influyentes de la nueva corte. Su salón, frecuentado por muchos ilustrados calificados por la historia de afrancesados, le dio a este unas dimensiones que no había tenido el modesto salón literario abierto en Vitoria. Así, mientras que los salones de otras aristócratas habían cerrado sus puertas, la marquesa de Montehermoso tomó el relevo hasta que, tras la decisiva batalla de Vitoria, se exilió a Francia. Rota la relación con José I y viuda, ya que su esposo había fallecido en 1911, María del Pilar de Acedo residió unos meses en París hasta contraer matrimonio con un militar bonapartista, Jacques Joseph Carabène (1788-1832), con quien se retiró a la finca que este poseía en Carresse-Cassaber, en las inmediaciones de Pau, en el distrito de Salies-de-Béarn, donde formó una pequeña corte hasta la que llegaron muchos exiliados españoles, entre los que se encontraban Francisco de Goya o Manuel de Godoy. Allí murió en 1869.

LOS SALONES CATALANES

Tras la guerra de sucesión y la implantación de la nueva legislación nacida de los Decretos de Nueva Planta, la sociedad catalana dedicó sus esfuerzos a recuperarse económicamente. A ello contribuyó la apertura del comercio con América decretada por Carlos III y que sería el germen de la opulencia de la burguesía en Catalunya durante el siglo XIX. Paralelamente, la proximidad a la frontera francesa facilitó la introducción del racionalismo ilustrado, que encontró eco en instituciones como la Real Academia de Buenas Letras[80], a quien la corona encargó, entre otras actividades, la elaboración de un diccionario de catalán. No obstante, al igual que pasaba en el resto de España, la discusión intelectual pareció quedar reservada a los varones y de ahí la casi nula presencia de salones literarios femeninos en tierras catalanas.

Se dieron, sin embargo, dos excepciones, una en Barcelona y otra en Tarragona: los salones de María Francesca Fiveller de Clasquerí i de Bru (1756-1791) y de María Antonia de Camps i Font (1760-1824). La primera, esposa de Manuel de Amat y Junyent (1704-1782), marqués de Castellbell, fue conocida como la Virreina, ya que su esposo había ejercido como virrey del Perú. En los salones de su palacio de las Ramblas barcelonesas mantuvo tras enviudar un pequeño salón literario de tendencia conservadora que, en verano, trasladaba a su mansión en la entonces villa de Gracia[81]. No obstante, su muerte, cuando solo contaba con 36 años, provocó el cierre del salón.

---

80 La Real Academia de Buenas Letras era heredera de la Academia de los Desconfiados, clausurada por orden de Felipe V en 1713 a causa de su apoyo al pretendiente austracista.

81 El palacio, un espléndido edificio entre neoclásico y barroco, se conoce como palacio de la Virreina. La mansión de Gracia, hoy desaparecida, ocupaba el lugar de la actual plaza de la Virreina.

Más longevo fue el que presidió María Antonia de Camps i Font, perteneciente a una noble familia de Girona y esposa de José Antonio de Castellarnau y Magriñá (1763-1845), tesorero del puerto de Tarragona y diputado por la provincia en las Cortes de Cádiz. Su mansión de la calle Cavallers fue el centro de la vida social de la Tarragona ilustrada, por lo que visitar la casa era paso obligado para todo aquel que viajara a la capital mediterránea. Ese fue el caso del pintor francés Joseph Flaugier (1787-1813), quien, acogido al mecenazgo de los dueños de la casa, decoró el salón de baile de la residencia y se convirtió en un asiduo contertulio de esta. Los estragos de la guerra de la Independencia y el hecho de que el patriarca de la familia fuera represaliado por el gobierno absolutista de Fernando VII, dada su condición de liberal, dieron al traste con el esplendor económico de los Castellarnau y, en consecuencia, determinó el cierre definitivo del salón, que ya había permanecido inactivo durante la contienda.

DOS SALONES RIVALES EN LA CÁDIZ DE LAS CORTES

Durante la invasión napoleónica, la celebración en Cádiz de las Cortes Constituyentes hizo de la ciudad un hervidero político. Los cafés acabaron por convertirse en centros de discusión política para los varones, mientras que las damas mantenían abiertos sus propios salones, literarios en un principio, si bien las circunstancias acabaron por convertirlos en lugares de debate político.

Dos nombres hay que destacar en este ámbito: el de Francisca Javiera Ruiz de Larrea y Aherán (1775-1838), conocida como «Frasquita» Larrea, madre de la escritora romántica Cecilia Böhl de Faber, y el de Margarita López de Morla y Virués de Segovia

(1765-1880). Ambas mantuvieron abiertos dos salones de signo político radicalmente opuesto, lo que demuestra sobradamente la efervescencia política que vivió la ciudad.

Doña Frasquita, como se la llamaba en Cádiz, había tenido una educación cosmopolita y liberal; sin embargo, acabó convirtiéndose en una furibunda partidaria de la vertiente conservadora del romanticismo español distanciándose por completo de la educación ilustrada que había recibido en la niñez. Aunque era natural de Cádiz, se educó en Inglaterra y Francia y, tras contraer matrimonio con el alemán Nicolás Böhl de Faber (1770-1836), residió un tiempo en Alemania. De regreso a Cádiz, hacia 1800 abrió un salón literario que, tras inaugurarse las sesiones de las Cortes, no tardó en convertirse en el cenáculo favorito de los diputados más conservadores.

Por su parte, Margarita López de Morla y Virués de Segovia (1758-1850) abrió las puertas del salón ubicado en su residencia de la calle Santa Inés a escritores y diputados liberales como Ángel de Saavedra (1791-1865), duque de Rivas, o Francisco Martínez de la Rosa (1787-1862). Margarita, como Frasquita, había nacido en el seno de una familia de la burguesía gaditana y estudió en Inglaterra y Francia, donde trabó amistad con Germaine Necker, Madame de Staël. Su exquisita formación y su talante amable y sereno hicieron de su tertulia un auténtico remanso para políticos y escritores frente al temperamento exaltado del que, según sus contemporáneos, hacía gala Frasquita Larrea. De Margarita escribió su amigo y contertulio Antonio Alcalá Galiano (1789-1865) que era «instruida, de singular talento, [...] se parecía a la famosa Madame de Staël, con quien no le causaba disgusto ser comparada, siendo, además, de agradabilísima conversación y de excelentes prendas, entre las cuales sobresalía la de buena amiga». Con él asistían a su tertulia los poetas Manuel José Quintana (1772-1757) y Juan Nicasio Gallego (1777-1853) o el político Agustín Argüelles (1776-1844), e incluso pasó por ella el propio Lord Byron (1788-1834) en su periplo europeo.

Los años aumentaron las diferencias entre ambas anfitrionas. Así, por ejemplo, mientras que Frasquita Larrea se convertía en una decidida partidaria de Fernando VII y en 1830 condenaba públicamente el asesinato del entonces gobernador militar de la ciudad, Antonio del Hierro y Oliver[82] (1784-1830), Margarita acogía en su casa de Jerez a los supuestos implicados en el crimen. Por entonces, Margarita había entrado en contacto con los círculos seguidores del pensador francés Joseph Fourier (1768-1830), convirtiéndose en una acendrada seguidora del socialismo utópico que este defendía. Sus últimos años los pasó en Madrid, donde residían los hijos habidos de su matrimonio con su primo Álvaro Vinués de Segovia, y, aquejada de una enfermedad mental, falleció en Toledo en el sanatorio donde había sido ingresada.

82 Antonio del Hierro y Oliver, teniente coronel del Regimiento del Rey, contó con el apoyo de Fernando VII, quien, tras el Trienio Liberal, le nombró gobernador militar de Cádiz, donde ejerció una durísima represión contra los liberales. Fue asesinado por unos desconocidos en la calle de la Verónica de la ciudad en marzo de 1830 y el crimen nunca se esclareció, si bien se relacionó con el posterior pronunciamiento liberal del general Torrijos.

IX.
Tertulias por la independencia

En Hispanoamérica, la sociedad criolla no fue impermeable al pensamiento ilustrado. Así, por ejemplo, en el virreinato de Nueva España[83] surgió un importante grupo de científicos y pensadores ilustrados, encabezados por José Rafael Campoy (1723-1777) e integrado, entre otros, por Andrés de Guevara y Basoazábal (1748-1801) y Juan Benito Díaz de Gamarra y Dávalos (1745-1783), cuya filosofía se manifestó especialmente crítica con la escolástica tradicional. Otro tanto sucedía en el virreinato del Perú, que, en origen, ocupaba prácticamente la totalidad de las posesiones españolas de América del Sur hasta que el reformismo ilustrado borbónico mermó su territorio al conformar los virrei-

83 El virreinato de Nueva España incluía los territorios actuales de México, diversas zonas de Estados Unidos (los actuales estados de California, Nevada, Colorado, Utah, Nuevo México, Arizona, Texas, Oregón, Washington, Florida, parte de Idaho, Montana, Wyoming, Kansas, Oklahoma y Luisiana), Guatemala, Belice, Puerto Rico, El Salvador, Honduras, Nicaragua, Cuba, Trinidad y Tobago, así como las islas Filipinas, Carolinas y Marianas.

natos del Río de la Plata[84] (1776) y de Nueva Granada[85] (1717). En este último, concretamente en la Real Audiencia de Quito, se fundó en 1791 la llamada Escuela de la Concordia, fundada por el médico y pensador Eugenio de Santa Cruz Espejo (1747-1795) e integrada por científicos e intelectuales.

Asimismo, la continua comunicación con la metrópoli y la influencia de las costumbres sociales francesas, por entonces muy en boga en la sociedad criolla, facilitó que las residencias privadas se abrieran a la discusión intelectual y, en consecuencia, que proliferaran los salones. En ellos, apoyándose en las ideas ilustradas y la independencia de Estados Unidos[86], fue germinando la semilla del nacionalismo y auspiciándose la futura emancipación de las entonces colonias, si bien fue definitivo para ello la confusa situación social y política española tras la invasión de la península ibérica por las tropas napoleónicas.

Al igual que en Europa, los salones americanos eran espacios de sociabilidad con la particularidad de que, en un principio, fueron exclusivamente masculinos hasta que la evolución social propició la iniciativa de una serie de personalidades femeninas que, al estilo de sus congéneres europeas, acabaron por convertir sus casas en salones de discusión intelectual e incluso de conspiración política. Ellas fueron, sin duda, figuras capitales de la historia a la hora de conseguir la independencia de las colonias.

En la mayoría de los casos, los salones tuvieron como escenario las ciudades más importantes de los virreinatos de Nueva España, Nueva Granada, Río de la Plata o del Perú. En ellos se alternaba

84 El virreinato del Río de la Plata incluía las actuales Argentina, Uruguay, Paraguay y Bolivia.

85 El virreinato de Nueva Granada comprendía las actuales Colombia, Venezuela, Ecuador, Panamá y parte de la Guayana.

86 Entre 1775 y 1781 tuvo lugar la guerra de la Independencia, que enfrentó a las colonias norteamericanas con la corona británica y que concluyó con la constitución de Estados Unidos.

lo lúdico con lo trascendental. De esta forma, igual se representaban obras de teatro o se bailaba como se discutía de política, filosofía, arte o ciencia. El ambiente siempre era refinado e incluso lujoso, pero también compatible con la mezcla de clases sociales y credos de sus asistentes. La tolerancia y el propósito de constituirse en una sociedad autogestionada, racional y liberal era, pues, el rasgo común de los asistentes a los salones americanos, como, por ejemplo, el presidido por la chilena Javiera Carrera (1784-1862) o el de Melchora Sarratea (1776-1847), ubicado en la antigua calle de Santo Domingo, actual avenida Belgrano, de Buenos Aires. Ellas, junto con los círculos sociales de las también rioplatenses Mariquita Sánchez de Thompson (1786-1868), Ana Riglos (1788-1870) o Casilda Igarzabal de Rodríguez Peña (1774-1844), entre otras muchas, fueron el motor que impulsó el proceso de la independencia de los territorios americanos de la corona española. Por ese motivo muchas de estas ilustradas anfitrionas fueron posteriormente galardonadas con el título de Madres de la Patria, especialmente en el caso rioplatense por el papel que jugaron en la llamada Revolución de Mayo (1810), una serie de movimientos acaecidos en la ciudad de Buenos Aires a consecuencia del vacío de poder creado por la invasión napoleónica en la metrópoli y que pretendió crear una junta de gobierno para los territorios americanos que acabó por ser el detonante del proceso de independencia.

EL SALÓN BONAERENSE DE MARÍA SÁNCHEZ DE THOMPSON

El salón de María «Mariquita» Sánchez de Thompson estuvo especialmente relacionado con los sucesos de mayo, ya que fue allí donde se escuchó por primera vez la *Marcha patriótica*, el actual himno de Argentina, en presencia de las principales personalidades políticas y militares de la ciudad.

Reunión en el salón de Mariquita Sánchez de Thompson. Grabado anónimo (siglo XIX).

Nacida en Buenos Aires en 1786, Mariquita fue una mujer singular que no dudó en enfrentarse a todos y a todo por conseguir ser ella misma. Hija de un acaudalado comerciante granadino, Cecilio Sánchez de Velasco, y de una porteña, Magdalena Trillo, solo tenía 15 años cuando se enfrentó a su familia por conseguir su deseo de contraer matrimonio con su primo Martín Thompson (1777-1819). Para ello no dudó en denunciar ante las autoridades a sus propios padres revelando que la habían recluido en un convento a fin de convencerla de renunciar a su propósito y que accediera a un matrimonio de conveniencia. La justicia le dio la razón y, después de más de un año de juicio, en 1805 se convirtió en esposa de Thompson. Desde ese mismo momento y pese a su juventud, abrió un salón en su mansión de la calle Unquera[87], donde se debatía por igual de literatura y arte que se gestaba la acción política previa al levantamiento de mayo; es decir, los acontecimientos que antecedieron a la creación, el 25 de mayo de 1810, de la primera junta destinada a gobernar el territorio del virreinato del Río de la Plata, al estilo de las juntas de gobierno creadas en la metrópoli tras la invasión napoleónica.

Años después, el salón de Unquera compartía sus sesiones con el que Mariquita abrió en su residencia de San Isidro, a las afueras de la capital argentina, en la llamada Quinta de los Ombúes, una posesión que heredó de su madre en 1812.

La muerte de Thompson en 1815, con el que había tenido cinco hijos[88], no acabó con su actividad como *salonnière* ni con su compromiso político. Por el contrario, al igual que otras damas ilustradas, a partir de 1823 volcó sus esfuerzos en abogar por la educación femenina. Tuvo ocasión de hacerlo cuando el entonces ministro de la Gobernación, Bernardino Ribadavia (1780-1827), creó la Sociedad de la Beneficencia o Sociedad de Damas de Beneficencia y solicitó su ayuda. El propósito de esta era no solo que el Estado se ocupara de socorrer a los más necesitados, una tarea que hasta entonces había estado en manos de la Iglesia católica, sino la creación de escuelas para niñas, una institución inexistente hasta ese momento.

Para entonces, Mariquita había contraído nuevo matrimonio con un diplomático francés, Washington de Mendeville, con quien tuvo tres hijos[89] y del que acabó separándose poco después de que naciera el menor de ellos. Volcada en su nuevo proyecto[90], por su iniciativa se fundaron varias escuelas y se mejoró la asisten-

87 Actual calle Florida de Buenos Aires.
88 Clementina, en 1807; Juan, en 1809; Magdalena, en 1811; Florencia, en 1812, y Albina, en 1815.
89 Julio (1924), Carlos (1824) y Enrique (1825).
90 Fue secretaria y presidenta de la Sociedad entre 1830 y 1832.

cia en hospitales y hospicios. Una tarea que, excepto los años que se exilió a Montevideo por sus diferencias con el gobierno de Juan Manuel de Rosas (1793-1877), ocupó su tiempo y que, en 1846, compaginó con la apertura de un nuevo salón literario de cuyas sesiones dio cumplida cuenta en su diario o en las cartas que intercambiaba con intelectuales y políticos europeos y norteamericanos. Unos textos que demuestran que Mariquita Sánchez no solo fue una de las mujeres más activas en el proceso de independencia latinoamericano, sino una observadora aguda y perspicaz de los primeros años de autogobierno. Testigo y protagonista de un tiempo crucial de la historia de Argentina, Mariquita Sánchez de Thompson falleció en su casa de Buenos Aires el 23 de octubre de 1868 cuando contaba con 81 años.

Como Mariquita Sánchez, Casilda Igarzábal (1774-1844) fue una de las principales instigadoras de la Revolución de Mayo. Esposa de uno de sus líderes, Nicolás Rodríguez Peña (1775-1853), mantuvo abierto un salón en la capital porteña al que acudían líderes de la independencia como Manuel Belgrano (1770-1820), Juan José Castelli (1766-1812) o Feliciano Chiclana (1761-1826), entre otros. Amiga y colaboradora de Sánchez de Thompson, fue una de las damas que urgieron a las autoridades a tomar posición frente a los representantes de la corona española. Así, en compañía de Mariquita y de otras *salonnières* bonaerenses, Casilda se presentó ante Cornelio Saavedra (1766-1829), futuro primer presidente de las Provincias Unidas del Río de la Plata, y tomó la palabra a fin de que este encabezara las acciones para conseguir que el virrey Baltasar Hidalgo de Cisneros (1766-1820) diera apoyo a quienes, ante la situación en la metrópoli[91],

91 Tras la invasión napoleónica, se formó en Cádiz (el único territorio al margen de las tropas imperiales) una junta de gobierno que no admitía la autoridad de José I Bonaparte como rey de España y encabezaba la resistencia frente a Napoleón, gobernando en nombre del depuesto Fernando VII.

proponían la creación de una junta de gobierno para la administración de los territorios rioplatenses. En su arenga, Casilda fue contundente y así lo consigna Mariquita Sánchez de Thompson en su diario cuando reproduce sus palabras: «Coronel, no hay que vacilar, la patria requiere sus servicios para que la salve. Así lo quiere el pueblo, y usted no puede volvernos la espalda y dejar perdidos a su suerte a nuestros maridos, a nuestros hermanos y a todos nuestros amigos». Consiguieron su objetivo y, por tanto, su intervención resultó decisiva en la formación de un órgano de gobierno que acabaría por ser el punto de partida del proceso independentista.

Casilda volvió a coincidir con Mariquita Sánchez de Thompson en la Sociedad de la Beneficencia, de la que fue presidenta entre 1838 y 1840 cuando, también por posición al Gobierno de Rosas, renunció a su cargo y se retiró de toda actividad pública.

LA PRECURSORA: MANUELA CAÑIZARES

Antes de que la Revolución de Mayo estallara en Buenos Aires, ya se habían producido los primeros movimientos independentistas en otros puntos del territorio americano. El primero, conocido por la historia como el «primer grito de independencia», se dio en Quito en agosto de 1809 y el salón de la ilustrada quiteña Manuela Cañizares (1770-1814) fue el crisol donde se fraguó el alzamiento.

Manuela nació en Quito el 20 de agosto de 1770 fruto de la relación entre el abogado Miguel Cañizares e Isabel Álvarez, una dama de la pequeña nobleza local, poseedora de una cierta prosapia, pero de escasos recursos económicos, que crio a Manuela y a sus hermanos Mariano, José y María en la pequeña hacienda que poesía en Popayán. El desinterés de su padre, que nunca se ocupó de Manuela ni de sus hermanos, y el prematuro fallecimiento de su madre la obligaron a convertirse en cabeza de familia y a vivir de sus propios recursos y de la venta de las propiedades maternas.

Poco se sabe de sus años de juventud. Solo que se preocupó de adquirir una sólida formación cultural y que, en 1805, residía en una hacienda en la localidad de Cotocillao[92] que pocos años después abandonó para instalarse en una vivienda en Quito. Su nueva residencia estaba ubicada muy cerca de la iglesia del Sagrario, por lo que se la conocía en la ciudad como «casa del Sagrario». Fue allí donde Manuela abrió su primer salón, que no tardó en ser frecuentado por la élite social, militar e intelectual de la ciudad. Entre ellos se encontraba Manuel Rodríguez de Quiroga (1771-1810), un abogado de origen boliviano conocido por sus ideas sobre la urgencia de independizarse de la corona de España. Entre ambos se estableció una relación muy estrecha, amorosa para unos autores e ideológica para otros, que la llevó a abrazar la causa emancipadora.

De ahí que su salón se convirtiera la noche del 8 de agosto de 1808 en el cenáculo, donde, simulando uno de los tantos encuentros literarios que allí se celebraban, se reunieron Juan Pío Montúfar y Larrea (1758-1819), marqués de Selva Alegre, Juan de Salinas y Zenitagoya (1755-1810), Francisco Javier de Ascázubi (1760-1810) o Juan de Dios Morales (1769-1810), entre otros, para articular la formación de una junta de gobierno autónoma. En el transcurso de la reunión, parece ser que algunos de los asistentes dudaron de la viabilidad de llevar a cabo un levantamiento contra la corona española y que fue la propia Manuela quien cortó la discusión diciendo: «¡Hombres de poca fe! ¿De qué tenéis miedo?

92 Actual Ponceano.

No hay tiempo que perder...». Unas rotundas palabras que la convirtieron en la líder espiritual del alzamiento.

Tras el fracaso de este y la ejecución de muchos de sus líderes, Manuela hubo de esconderse ante la amenaza de que se cumpliera la sentencia que la llevaba al patíbulo. Lo hizo en una hacienda del valle de los Chillos, al sureste de Quito, amparada por Rosa de Montúfar (1783-1860), una de las damas ilustradas habituales de su salón e hija del marqués de Selva Alegre. Unos años después, conjurado el peligro, regresó a Quito. Por entonces, las circunstancias eran otras. El proceso de emancipación estaba en marcha y ya nada podía detenerlo. Sin embargo, nadie parecía recordar su condición de precursora del movimiento independentista. Soltera y sin hijos, pasó los últimos años de su vida en una modesta vivienda de la actual capital ecuatoriana y sus escasos recursos la llevaron a tener que mantenerse confeccionando encajes y haciendo labores de bordado hasta su muerte en 1814.

LA CORREGIDORA: CONSPIRACIÓN EN QUERÉTARO

También en el virreinato de Nueva España creció desde mediados del siglo XVIII la ambición por independizarse de la corona española. Como sucedió en otras regiones del Cono Sur, los salones ilustrados y sus anfitrionas fueron el crisol donde se forjaron las armas que acabarían por conseguir la independencia del país. Por ello, nombres femeninos como los de Leona Vicario (1780-1842) o Mariana Rodríguez del Toro (1775-1821) merecen ser recordados.

Junto con ellas no hay que olvidar a María Josefa Ortiz Téllez-Girón de Domínguez (1773-1829), más conocida como Josefa

Ortiz de Domínguez, la «Corregidora», el apodo que se le dio en virtud del cargo que ocupaba su esposo, Miguel Domínguez (1756-1830), corregidor[93] en Querétaro.

María Josefa nació en Morelia[94], en la provincia de Michoacán. Hija ilegítima de Josefa Ortiz de Zárate, fue adoptada por unos parientes lejanos de su madre, el capitán José Ortiz y su esposa Manuela, vinculada a la familia de los Téllez-Girón españoles, quienes la educaron según las normas que la alta sociedad criolla exigía.

Tras la muerte de sus padres adoptivos, Josefa se trasladó a Ciudad de México en 1787 e ingresó como interna en el prestigioso colegio de San Ignacio de Loyola, más conocido como de las Vizcaínas, una institución creada en 1767 para la educación de niñas huérfanas o residencia de viudas o jóvenes sin familia. Allí completó su formación con materias como la historia, las matemáticas, las ciencias o las lenguas, lo que le proporcionó una sensibilidad artística y cultural que iba más allá de la enseñanza propia de las mujeres de su condición social, limitada a las cuatro reglas, el bordado, el baile o la música.

En 1791, abandonó las Vizcaínas para contraer matrimonio con el político y abogado Miguel Domínguez (1756-1830), a quien había conocido en el transcurso de una visita que este había realizado al centro docente. Un matrimonio del que nacieron ocho hijos[95] y que, pese a ciertas diferencias ideológicas, permaneció unido hasta el final de sus días.

Ciudad de México no fue, sin embargo, su residencia definitiva. En 1802, Miguel Domingo fue nombrado corregidor de la ciudad de Santiago de Querétaro y Josefa, junto con su ya numerosa

93 El corregidor era un funcionario designado por el virrey o directamente por la corona que ejercía funciones de alcalde, juez e incluso fiscal.

94 La actual Morelia se conocía durante el virreinato como Valladolid.

95 Entre 1792 y 1804, Josefa dio a luz a ocho hijos: José Luis, Mariano, Miguel Ignacia, Micaela, Dolores, Manuela y José.

familia, hubo de seguirle hasta allí. Y fue en esta ciudad donde, en la hoy llamada «casa de la corregidora», Josefa abrió un salón literario que frecuentaron algunos de los más ilustres militares, políticos, artistas e intelectuales del virreinato unidos por una aspiración común: hacer de México una nación independiente. Bajo la apariencia de un salón literario[96], las reuniones acabaron por convertirse en cuna de la llamada «conspiración de Querétaro», un hecho decisivo que sirvió de prólogo al inicio de la guerra de la Independencia mexicana. Entre las personalidades que frecuentaban el salón se encontraban los presbíteros Miguel Hidalgo (1753-1811) y José María Sánchez (1742-1820), el abogado José María García Obeso (1770-1813), el poeta y político Juan Nepomuceno Mier y Altamirano (1780-1845) o el militar Juan Aldama (1704-1811), junto con funcionarios, comerciantes y hacendados de la ciudad. A todos les unía un mismo propósito: alzarse en armas contra el gobierno del virreinato en octubre de 1810 en San Juan de los Lagos, en el actual estado de Jalisco. Sus propósitos no pudieron llevarse a cabo. Las autoridades fueron alertadas de la conspiración y, entre el 13 y el 15 de septiembre, muchos de los implicados en el golpe fueron arrestados y llevados a prisión.

Fue entonces cuando Josefa intervino. Alertada por un criado, consiguió esconderse en una de las habitaciones de la casa y, aún más, desde allí pudo avisar a Juan Aldama, quien, a su vez, avisó a Miguel Hidalgo. Fue entonces cuando este, al conocer la noticia, decidió adelantar el inicio de la lucha armada y en la madrugada del 16 de septiembre de 1810 lanzó la arenga conocida como

96 Según algunos autores, las últimas reuniones de los conspiradores tuvieron lugar en la residencia del presbítero José María Sánchez a fin de no comprometer al corregidor.

«grito de Dolores» en la ciudad del mismo nombre[97] que inició la guerra de Independencia mexicana.

Pese a su implicación en la conjura, Josefa y su esposo continuaron residiendo libremente en Querétaro hasta diciembre de 1813 cuando uno de los implicados en la conspiración no dudó en delatarles calificando a Josefa de: «Ana Bolena. Ingeniosa y cautelosa, que arrastró a hombres honestos hacia la insurrección». Poco después, la Corregidora fue detenida y, pese a estar embarazada, se la recluyó en el convento de Santa Teresa de Ciudad de México. Permaneció allí dos años, de donde pasó al de Santa Catalina de Siena a fin de cumplir la condena de cuatro años de reclusión impuesta por el gobierno virreinal. Su esposo, aunque en un principio fue encarcelado, acabó por ser exonerado de sus cargos y liberado si bien fue destituido del cargo de corregidor. Pese a sus esfuerzos, no consiguió liberar a su esposa hasta 1817. Una vez libre, Josefa jamás abdicó de sus principios y siguió colaborando con los insurgentes, a quienes facilitaba los necesarios recursos económicos y logísticos.

Convencida republicana, en 1822, se opuso al efímero imperio de Agustín de Iturbide[98] y rechazó el ofrecimiento de este para formar parte del séquito de damas de su esposa con una contundente frase: «La que es soberana en su casa no puede ser dama de una emperatriz». Falleció a consecuencia de una pleuresía el 2 de marzo de 1829. Su esposo murió un año más tarde. Ambos reposan en el Panteón de Queretanos Ilustres, donde Josefa es reconocida como Madre de la Patria Mexicana.

---

97 En la actualidad, la ciudad, en el estado de Guanajuato, recibe el nombre de Dolores Hidalgo.

98 Agustín de Iturbide (1783-1824) se proclamó emperador de México en 1822 como Agustín I frente a grandes sectores nacionalistas partidarios de la república. Dos años después fue derrocado y ejecutado.

Epílogo
Los salones tardíos

Tal como lo entiende la historiografía tradicional, los salones donde practicar lo que se ha dado en llamar el «arte de la conversación» conocieron su máximo esplendor a lo largo del Siglo de las Luces. Con variaciones en su propósito según las circunstancias geopolíticas de allí donde se abrieron, pese a que ninguno igualó la trascendencia de los salones franceses, todos tuvieron en común el deseo de abrir paso al pensamiento racional propio de la Ilustración y conseguir una sociedad más libre e igualitaria.

Aun así, a lo largo de los siglos XIX y XX algunas mansiones particulares, gracias al interés de sus anfitrionas, continuaron siendo lugares de discusión artística, política o científica. Pero lo cierto es que, tras la caída del Antiguo Régimen, aquellas distinguidas damas ilustradas se vieron sucedidas por otras congéneres cuyas reivindicaciones iban más allá de las que ellas habían manifestado. Gracias a nombres como Olympe de

Gouges[99] o Mary Wollstonecraft[100] se puso de manifiesto que la mujer aspiraba a ser mucho más que la anfitriona de una tertulia, mecenas de artistas o mera actriz secundaria en los avances políticos y sociales de su tiempo. Ya no quería ser intermediaria sino protagonista. Si las *salonnières* de cualquier punto de la geografía occidental habían dado voz a los renovadores de una sociedad obsoleta anclada en la tradición, los prejuicios de clases y el clasicismo artístico, sus sucesoras sabían que era el momento de empuñar ellas la pluma o el pincel, entrar en los laboratorios, tener voz y voto en la sociedad civil y ser dueñas de su destino. Ya no les valía la definición de los enciclopedistas de ser la «hembra del hombre»: madre, esposa, hermana, hija, musa, amante o amiga. Era el momento de ser ellas mismas.

Ello no fue óbice para que continuaran abiertos salones a lo largo del siglo XIX y comienzos del siglo XX. Ese fue el caso, por ejemplo, del salón parisino de la escritora Virginie Ancelot (1792-1875), sito en el hotel de la Rochefoucauld, que frecuentaron los escritores Alphonse Daudet (1840-1897), Victor Hugo (1802-1885) y Alfred de Musset (1810-1857), Alphonse de Lamartine (1790-1869) o el pintor Eugène Delacroix (1798-1863); o los que, también en la capital de Francia, mantuvieron abiertos Anna de Noailles (1876-1933) o Madeleine Lemaire (1845-1928), protectora de Marcel Proust (1871-1922), entre otras ilustres damas de la élite social parisina. Como ellas, otras personalidades femeninas, repartidas por la geografía europea o americana, mantuvieron abiertos sus salones. Así, en España, Cecilia Böhl de Faber, «Fernán Caballero» (1796-1977), presidió una tertulia en Sevilla a la que asistieron el escritor norteamericano

99 Olympe de Gouges (1748-1793) publicó en 1791 los *Derechos de la mujer y de la ciudadana*, donde reivindicaba un papel activo de la mujer en el ámbito de la sociedad civil.

100 Ver capítulo III.

Washington Irving (1783-1859) o el historiador de arte William Stirling (1818-1878), mientras que en Inglaterra las herederas de Elizabeth Montagu y su «gabinete de las musas» crearon, en 1833, The University Club for Ladies[101], un exclusivo centro de reunión femenino al estilo de los clubs privados masculinos de la élite londinense para que las mujeres más cultas tuvieran un lugar para debatir de política, filosofía o arte. También en Londres, el Círculo de Bloomsbury bebió de las fuentes de los salones ilustrados y a partir de 1904 abrió las puertas de domicilios particulares a escritores, artistas, filósofos, economistas o científicos[102] tanto varones como mujeres, que allí fusionaron lo artístico con lo social en la sociedad inglesa de la época. Fue un acontecimiento trágico, la Primera Guerra Mundial, lo que marcó el declive de la cultura de salón. No obstante, su final fue glorioso ya que, en los años previos al estallido bélico y aún en el periodo de entreguerras[103], los salones sirvieron para albergar y dar impulso a las vanguardias artísticas y literarias que marcaron el devenir cultural del siglo XX.

Pero, paralelamente a la pervivencia del espíritu del salón, la mujer fue avanzando en la búsqueda de un lugar propio en la sociedad. Los avances del sufragismo y del feminismo dieron lugar a las políticas igualitarias de los siglos XX y XXI. Cabe ahora preguntarse si tales logros hubieran sido posibles sin aquellas sabias e ilustradas damas del siglo XVIII que supieron aprovechar los recursos que la sociedad les ofrecía para ocupar un lugar —aunque fuera secundario— en el ámbito de la cultura, el arte, la ciencia o la política. Como dijo Marguerite Yourcenar

101 Aún vigente hoy en día con el nombre de University Women's Club.

102 Una de sus más reconocidas asistentes fue la escritora Virginia Wolf (1882-1941).

103 En este punto hay que señalar la importancia del salón de la coleccionista de arte y escritora Gertrude Stein (1874-1949) en el 27 de la *rue* de Fleurus de París.

(1903-1087) en su discurso de ingreso a la Real Academia Francesa, las *salonnières* del Antiguo Régimen «fueron reinas absolutas de sus salones, inspiraron a los escritores y a veces los gobernaron. Deberíamos apartarnos para ceder el paso a sus sombras».

APÉNDICES

La voz de las ilustradas españolas

La decidida apuesta de las ilustradas españolas por promover la igualdad de oportunidades de la mujer en cuanto a educación es innegable. Desde la Junta de Damas de Honor y Mérito se llevó a cabo una concienzuda labor a fin de facilitar a las niñas de cualquier condición social el acceso a la escuela y, con ello, darles la posibilidad de que fueran autosuficientes en un futuro. Vale la pena, pues, leer el encendido discurso protofeminista[104] con el que, el 5 de junio de 1786, Josefa Amar y Borbón defendió en Zaragoza la oportunidad de que las mujeres ingresaran en las sociedades económicas de amigos del país, un alegato en el que, frente al visagismo imperante, se defendía la capacidad intelectual de las mujeres y el derecho a la educación de las niñas, o detenerse en los estatutos de la Junta de Damas de Honor y Mérito, una muestra excepcional de asociacionismo femenino en pleno siglo XVIII.

104 La ortografía se ha adaptado a las convenciones actuales.

I.
Josefa Amar y Borbón: a favor del talento femenino

Discurso en defensa del talento de las mujeres y de su aptitud para el gobierno y otros cargos en que se emplean los hombres.

1.º— Cuando Dios entregó el mundo a las disputas de los hombres, previó que habría infinitos puntos sobre los cuales se altercaría siempre, sin llegar a convenirse nunca. Uno de estos parece que había de ser el entendimiento de las mujeres. Por una parte, los hombres buscan su aprobación, les rinden unos obsequios que nunca se hacen entre sí; no les permiten el mando en lo público, y se le concede absoluto en secreto; les niegan la instrucción, y después se quejan de que no la tienen: digo les niegan porque no hay un establecimiento público destinado para la instrucción de las mujeres ni premio alguno que las aliente a esta empresa. Por otra parte, les atribuyen casi todos los daños que suceden. Si los héroes enflaquecen su valor, si la ignorancia reina en el trato común de las gentes, si las costumbres se han corrompido, si el lujo y la profusión arruinan las familias, de todos estos daños son causa las mujeres, según se grita. Estas mismas tampoco están de acuerdo sobre su verdadera utilidad. Apetecen el obsequio y el incienso; están acostumbradas de largo tiempo a uno y a otro; pero no procuran hacerlo más sólido, mereciéndolo de veras, como sucedería, si a las gracias exteriores, y pasajeras, que ahora cultivan, uniesen las intrínsecas y duraderas.

2.°— A la verdad, tanto los aplausos, y obsequios de los hombres, cuanto los cargos que atribuyen a las mujeres son una tácita confesión del entendimiento de estas; porque de otra suerte no buscarían su aprobación, y agrado, ni les supondrían de ocasionar ningún trastorno. La influencia buena o mala de un agente en otro incluye necesariamente virtud, y potencia en el que hace esta variación: una causa más débil no puede mudar ni atraer a sí la más fuerte. Con que, si los vicios de las mujeres tienen tanto imperio sobre los hombres, convengamos en la igualdad física, sin negar por esto las excepciones que convienen a cada sexo.

3.°— Pero sin embargo de unas suposiciones tan justas, parece que todavía se disputa sobre el talento y capacidad de las mujeres, como se haría sobre un fenómeno nuevamente descubierto en la naturaleza o un problema difícil de resolver. ¿Mas qué fenómeno puede ser este si la mujer es tan antigua como el hombre, y ambos cuentan tantos millares de años de existencia sobre la Tierra? ¿Ni qué problema después de tantas y tan singulares pruebas, como han dado las mismas mujeres de su idoneidad para todo? ¿Cómo es posible que se oigan nuevas impugnaciones sobre esta verdad? Pues ello es cierto, que se oyen, y que son de tal naturaleza, que no debemos desentendernos de ellas, porque acreditan que no está aún decidida la cuestión.

4.°— No contentos los hombres con haberse reservado los empleos, las honras, las utilidades, en una palabra, todo lo que puede animar su aplicación y desvelo, han despojado a las mujeres hasta de la complacencia que resulta de tener un entendimiento ilustrado.

Nacen, y se crían en la ignorancia absoluta: aquellos las desprecian por esta causa, ellas llegan a persuadirse que no son capaces de otra cosa y, como si tuvieran el talento en las manos, no cultivan otras habilidades que las que pueden desempeñar con estas. ¡Tanto arrastra la opinión en todas materias! Si como esta da el principal valor en todas las mujeres a la hermosura, y el donaire, le diese a la discreción, presto las veríamos tan solícitas por adquirirla, como ahora lo están por parecer hermosas, y amables. Rectifiquen los hombres primero su estimación, es decir, aprecien las prendas, que lo merecen verdaderamente, y no duden de que se reformarán los vicios de que se quejan. Entretanto no se haga causa a las mujeres, que solo cuidan de adornar el cuerpo, porque ven que este es el ídolo al que ellos dedican sus inciensos.

5.°— ¿Pero cómo se ha de esperar una mutación tan necesaria si los mismos hombres tratan con tanta desigualdad a las mujeres? En una parte del mundo son esclavas, en la otra dependientas. Tratemos de las primeras. ¿Qué progresos podrán hacer estando rodeadas de tiranos, en lugar de compañeros? En tal estado les conviene una total ignorancia, para hacer menos pesadas sus cadenas. Si pudieran desear alguna cosa, o hacer algún esfuerzo, debería ser para que se instruyesen, y civilizasen aquellos hombres, esperando que el uso de la razón rompería los grillos que mantiene ahora la ignorancia. La ruina de esta produciría la de aquella esclavitud. ¿Mas cómo compondremos el desprecio que hacen de las mujeres, estos, que las tienen como esclavas, con la solicitud que ponen en adquirir el mayor número que pueden mantener, y con el cuidado que les cuesta el contentarlas? ¿Por qué las desechó Mahoma del paraíso, que promete a los suyos? ¿No es esto parecerlas a los brutos, que perecen, o se extinguen con la vida? Pero si tales delirios no merecen refutación, porque sería honrarlos demasiado, menos podrán citarlos nuestros contrarios, para deducir de la esclavitud en que gimen ciertas mujeres, la inferioridad de su talento. Si valiera este argumento, también se pudiera convertir contra los mismos hombres, porque entre ellos hay unos esclavos de los otros, y no diremos por eso que los primeros son casi irracionales. Diremos, sí, que la fuerza destruye la igualdad, y borra la semejanza de unos a otros. De poco servirá que la aptitud sea la misma en el esclavo, que, en su Señor, si la opresión en que está, le impide usar de su derecho, y de su razón. Pónganse los dos en un perfecto nivel, y entonces se podrá hacer juicio recto. La violencia no puede establecer leyes universales: así sujeten en buena hora las mujeres que han nacido, y se han criado en el país de la tiranía, y de la ignorancia; la necesidad las obliga a ello por ahora, pero no pretendan degradar al sexo en general.

6.°— Distinta vista ofrece la situación de este, en otra gran parte del mundo. Las mujeres, lejos de tener el nombre de esclavas, son enteramente libres, y gozan de unos privilegios que se acercan al extremo de veneración. Así, la religión como las leyes prohíben al hombre la multiplicidad de mujeres. Por este medio se fija toda la posible conformidad entre ambos sexos; y esta contribuye a que se miren mutuamente con aprecio y estimación. Aun han hecho más los hombres en favor nuestro, porque casi se han quedado solo con el nombre de la autoridad que les dan los empleos, y las riquezas, tributando todos los hombres a las mujeres ¡Qué generosidad! ¡Qué grandeza de ánimo, podemos exclamar aquí, pero, al mismo tiempo, qué contradicción! Aquí entra el estado de dependencia, que se ha indicado arriba. Los hombres instruidos y civiles no se atreven a oprimir tan a las claras a la otra mitad del género humano, porque no encuentran semejante esclavitud en las leyes de la creación. Pero como el mandar es gustoso, han sabido arrogarse cierta superioridad de talento, o yo diría de ilustración, que, por faltar a las mujeres, parecen estas sus inferiores. Hay pocos, que en tocándose el punto de la aptitud y disposición intelectual, concedan a estas la que se requiere para ilustración del entendimiento. Saben ellas que no pueden aspirar a ningún empleo, ni recompensa pública; que sus ideas no tienen más extensión que las paredes de una casa, o de un convento. Si esto no es bastante para sofocar el mayor talento del mundo, no sé qué otras trabas puedan buscarse. Lo cierto es que sería mejor ignorarlo todo y carecer hasta del conocimiento que sufrir el estado de esclavitud o dependencia. El segundo viene a ser casi más sensible, por la contraposición de obsequio y desprecio; de elevación, y de abatimiento; de amor y de indiferencia; cuyos afectos van unidos con la conducta que observan los hombres con las mujeres. ¿Por ventura negarán estas mismas la alternativa de halagos y repulsas, de obsequios, y desdenes, que experimentan cada día? ¿No son hoy jueces, y mañana reos? ¿No se las trata en un tiempo como diosas y en otro casi como irracionales? ¿No reciben unas veces adoraciones, y homenajes, siendo su gusto la ley, su aprobación la que satisface los deseos de un escritor, la que adorna los laureles de un conquistador, y colma la gloria de un héroe? Pero no se desvanezcan por esto las mujeres, porque los mismos hombres que las tratan de esta manera gritarán después en una asamblea que no tienen discernimiento, que no saben estimar las cosas buenas y sólidas, y que se dejan arrastrar de una vana y frívola apariencia.

7.°— Una discordancia tan notable me ha hecho pensar muchas veces: ¿qué fundamento pueden tener los hombres para la superioridad que se han arrogado, principalmente en los dones del ánimo? La creación de unos y de otros es la que puede dar alguna luz. ¿Pero qué descubrimos en ella? Que Dios crio a Adán y este echó de menos luego una compañía semejante a él: cuya compañía se le concedió en la mujer, ¿puede desearse prueba más concluyente de la igualdad y semejanza de ambos, en aquel primer estado? ¿Hay en todo esto alguna sombra de sujeción, ni dependencia de uno a otro? Es verdad que el hombre fue criado primero, y fue criado solo, pero poco tardó en conocer que no podía vivir sin una compañera, primera imagen del matrimonio, y primera también de una perfecta sociedad.

8.°— Si pasamos después a considerar lo que sucedió en la caída de nuestros primeros padres, no hallaremos degradada a la mujer de sus facultades racionales. El abuso que de ellas hizo fue su pecado, el de Adán, y el de toda su posteridad. ¿Mas sin disculpar este atentado, quien negará que la mujer precedió al hombre en el deseo de saber? Aquella fruta que les había sido vedada contenía la ciencia del bien y del mal. Eva no resistió a estas tentaciones, antes persuadió a su marido, y él cometió por condescendencia el pecado, que aquella empezó por curiosidad. Detestable curiosidad, por cierto; pero la curiosidad suele ser indicio de talento, porque sin él nadie hace diligencias exquisitas para instruirse.

9.°— Tampoco la justa pena que se impuso a entrambos derogó en nada sus facultades intelectuales. Si el hombre puede trabajar sin perder por eso la aptitud para las ciencias, también la sujeción de la mujer es cuestionable. Debería bastarle al primero ser cabeza de familia, y estar en posesión de los empleos, sin pretender dar más extensión a su dominio. Porque aun admitido en estos casos, no siempre es prueba concluyente de superioridad de talento. Los mismos hombres no son ni pueden ser todos iguales. Es preciso que haya unos que manden a los otros, y sucede no pocas veces que al de más ingenio le toca la suerte de obedecer, y respetar al que tiene menos. Así las mujeres podrán estar sujetas en ciertos casos a los hombres, sin perder por eso la igualdad con ellos en el entendimiento.

10.°— Si esta igualdad se ve indicada en la creación, mejor podrá probarse por los testimonios que han dado las mismas mujeres. Es cierto que el talento, o la inteligencia, así como es la parte superior que hay en nosotros, es también la parte incomprensible, de la que solo se pueden conocer los efectos. En este supuesto, si los hombres acreditan su capacidad por las obras que hacen, y los raciocinios que forman, siempre que haya mujeres, que hagan otro tanto, no será temeridad igualarlos, deduciendo que unos mismos efectos suponen causas conformes. Si los ejemplos no son tan numerosos en estas como en aquellos, es claro que consiste en ser menos las que estudian, y menos las ocasiones que los hombres les permiten probar sus talentos.

11.°— Ninguno que esté medianamente instruido negará que, en todos tiempos, y en todos países, ha habido mujeres que han hecho progresos hasta en las ciencias más abstractas. Su historia literaria puede acompañar siempre a la de los hombres, porque cuando estos han florecido en las letras, han tenido compañeras e imitadoras en el otro sexo. En el tiempo que la Grecia fue sabia, contó, entre otras muchas insignes, a Theano, que comentó a Pitágoras, a Hipatia, que excedió en la filosofía y la matemática a Theón, su padre y maestro; a Diotima, de la cual Sócrates se confesaba discípulo. En el Lacio, se supone haber inventado Nicostrata las letras latinas, las cuales supieron después cultivar varias mujeres, entre otras Fabiola, Marcella y Eustaquia. En Francia es largo el catálogo de literatas insignes, y cuando otras no hubiera, bastarán los nombres de la marquesa de Sevigné, de la condesa de la Fayette, y de Madame Dacier, para acreditar que se han distinguido igualmente que sus paisanos insignes. En el día continúan varias señoras honrando su sexo con los escritos, como puede verse en la Década Epistolar de D. Francisco María de Silva. En Rusia florecen en el día las letras, pero si esta revolución tan gloriosa se debe a los esfuerzos del zar Pedro el Grande, los continúa la actual zarina Catalina II, la cual ha escrito el Códice de las Leyes, obra muy de alabar, y una novela moral y sabia, dirigida a la instrucción de sus nietos: ambas obras las ha escrito en francés, cuyo idioma posee con tal gracia y finura al que llegan pocos de los mismos franceses. Esta insigne mujer sería injusta si conociendo por su misma experiencia de cuánto es capaz su sexo no le honrase como merece. Pero no hay que hacerla este cargo, porque premia el mérito donde quiera que le encuentra. Así se verifica en la princesa de Askoff, heroína ilustre, la cual después de haber manifestado a las tropas rusas su espíritu marcial, sabe como otra Minerva todas las ciencias y por ello y por su numen poético la ha elegido su soberano para cabeza y presidenta de la Academia Real de las Ciencias de Petersburgo.

12.°— En España no se han distinguido menos las mujeres en la carrera de las letras. Si se hubiera de hablar de todas, con la distinción que merecen, formarían un libro abultado. Las más acreditadas son Luisa Sigea, Francisca Nebrija, Beatriz Galindo, Isabel de Joya,

Juliana Morrell y Oliva de Sabuco. Esta última fue inventora de un nuevo sistema en la física. También se pudiera hacer mención aquí de algunas señoras ilustres, que honran en el día las letras, pero es tan notorio su mérito que tengo por ocioso expresarlo en este papel. El de las mujeres en general puede verse más extensamente en la obra de Monseñor Tomás, titulada *Ensayo sobre el carácter, costumbres y entendimiento de las mugares* y en tantas otras como son *Mujeres ilustres, mujeres celebres, Tratado de la educación de las mujeres, El amigo de las mujeres, Las mujeres vindicadas*, etc.

13.°— Si se han distinguido en las letras, no han acreditado menos su prudencia en el gobierno o en los negocios públicos cuya prenda es la que más se les disputa. Pero no se la disputaban tanto los antiguos cuando los lacedemonios se servían en sus acciones, del consejo de las mujeres, y nada ejecutaban sin consultarlas. Los atenienses querían que en los asuntos que se proponían al Senado diesen ellas su parecer como si fueran sabios y prudentes senadores. El voto de estos dos pueblos, tan recomendables por todas circunstancias, debería decidir el pleito a favor de las mujeres, y más habiendo ellas justificado en todo tiempo este concepto, pues casi todas las que han estado en precisión de mandar pueblos enteros lo han hecho con acierto: consulten si no las historias generales y particulares para ver si en igual número de reyes o de reinas que han regido estados se hallan tantos héroes como heroínas. Tratando de estas, merece el primer lugar Débora, porque gobernó el pueblo de Israel, escogido por Dios, y que, como tal, debe fundar opinión para todo. Esta mujer, pues, entra en el catálogo de los Jueces de Israel, se sentaba como ellos a administrar justicia y acaudillaba el ejército. Gemiamira, madre de Heliogábalo, concurría al Senado a dar su parecer por su prudencia y sabiduría. Si se quieren ejemplos más modernos, todos saben la prudencia de la reina católica, doña Isabel, que aunque no gobernó sola, intervino en todas las cosas grandes que se hicieron en su tiempo; en Inglaterra, las dos reinas Isabel y Ana han contribuido tanto como los reyes sabios que allí ha habido a extender el poder y a hacer formidable la Gran Bretaña. En Rusia, las dos Catalinas han perfeccionado el esplendor que comenzó Pedro el Grande. Y se pudieran citar otras que en un dominio menos extenso que los que acabamos de referir han acreditado su aptitud para el gobierno.

14.°— La prudencia no es prenda tan ajena del sexo, que no se halle en muchas mujeres. Dejando aparte la que es necesaria para los negocios públicos, hallaremos la común y regular en muchas casadas. ¿Cuántos ejemplos se pudieran citar en la república de las familias, en que una mujer disimula, y aun oculta, los defectos de su marido en el manejo doméstico? Pero el ser tan frecuente estas virtudes parece que las hace menos atendidas.

15.°— El valor se tiene regularmente por prenda particular y genérica de los hombres; con todo tiene sus excepciones, como la hermosura en las mujeres. Vemos hombres hermosos, y mujeres feas, mujeres valientes y hombres cobardes, para que se verifique que no hay prenda que no sea común a ambos sexos. En cuanto a la valentía, si no ha habido tantas mujeres como hombres que se han distinguido en ella, ya se ve que consiste en la diferente crianza de los unos, y de los otros, pero no sé qué inclinación oculta tienen las primeras, que siempre han mirado con horror a los cobardes y pusilánimes. Esta observación sola pudiera acreditar que si no ejercitan el valor, por lo menos lo aman y lo prefieren siempre; pero lo han ejercitado, cuando se han visto en precisión de ello; ejemplo tenemos en las mujeres de los persas, a quienes se debió principalmente la victoria contra Ciro; en las Sabinas, que decidieron el triunfo a favor de los romanos; en las matronas romanas que salvaron a Roma del eminente peligro en que la puso el ejército de Coriolano; en las saguntinas, que pelearon valerosamente en defensa de su patria, y para decirlo de una vez, en casi todas las historias, pues apenas hay una que no conserve la memoria de algunas hazañas de las mujeres cuando han visto la patria en riesgo de perderse. No solo han hecho estas proezas, uniéndose muchas en un cuerpo; también ha habido heroínas que han arrostrado a los peligros. Jahel mató a Sisara, Judit atravesó sola el ejército de los asirios y mató a Holofernes. En España tenemos el ejemplo de Juliana de Cibo, que sirvió como soldado en la guerra de Granada contra los moros; de María de Estrada, que militó en las tropas de Hernán Cortés; de María Zontano, que asistió en el ejército destinado para la conquista de Argel en tiempo de Carlos V; y de María Pita, que tanto se señaló en el sitio que pusieron los ingleses a La Coruña, omitiendo otras muchas, por no ser posible mencionarlas todas en tan corto volumen. En el día no son desconocidas estas hazañas, pues ya se ha dicho que la princesa de Askoff, que preside ahora la Academia Real de San Petersburgo, ha mandado antes las tropas rusas. Actualmente hay en Francia una señora escritora que habiendo disfrazado su sexo y corrido el mundo con el nombre del Caballero de Eon ha obtenido los títulos de Censor real, doctor en ambos derechos, abogado del parlamento, capitán de dragones y voluntarios del ejército, ayudante del mariscal duque de Broglio, caballero de la Real y Militar Orden de San Luis, secretario de embajada en las cortes de Rusia y de Inglaterra, y después ministro plenipotenciario en esta última, en cuyos empleos tan opuestos y tan delicados se ha sabido manejar con una constancia, prudencia y discreción, que honraría al hombre más versado en negocios políticos y militares.

16.°— De todos estos antecedentes, se infiere necesariamente que, si las mujeres tuvieran la misma educación que los hombres, harían tanto, o más que estos. ¡Pero qué diferente es una de otra! A las primeras no se les enseña desde niñas sino a leer y a escribir, y a ciertas habilidades de manos. Se pone mucho cuidado en adornarlas, con lo cual llegan a adquirir un cierto hábito de pensar siempre en la compostura exterior. De talento, si se les habla, es como cosa por demás, de suerte que no sería mucho que fuesen perdiendo la idea de ser capaces de otra cosa. Al contrario, a los niños se les aplica, y se les hace aprender antes que sepan lo que es estudio ni ciencia; oyen decir que hay universidades, que hay colegios y que hay empleos para los que cursan estos y aquellas. De este modo crece con ellos y se les hace natural la aplicación y el estudio y no tardan mucho en coger el fruto de sus tareas, en tantos premios, como hay repartidos. Si alguna mujer se dedica al estudio, es preciso que lo haga por la ventaja y conveniencia que le resulta a ella misma, pues sabe que no puede aspirar a ninguna recompensa. Mucha magnanimidad de espíritu se requiere para emprender, y seguir la penosa carrera de las letras, por la sola complacencia de ilustrar el entendimiento. Sin embargo, vemos que algunas mujeres tienen este heroísmo y como si no se conociera aún todo el mérito que consiguen las pocas que esto hacen, se reconviene y se reprende el sexo en general por su ignorancia; como si esto fuera defecto suyo, y no más presto defecto de la educación y circunstancia en que se halla.

17.°— Es menester confesar que ninguna cosa conocemos en sí misma, sino por comparación con otra. Sirva esta regla para medir la aptitud en ambos sexos, pero hágase un cotejo justo, esto es, entre un hombre y una mujer enteramente ignorantes. En este caso, pues, que es bastante frecuente, aun se hallará que la segunda hace ventaja al primero en la viveza de imaginación, en la mayor prontitud para imponerse y en la propiedad de las voces. Por el otro extremo, si se compara una mujer capaz e instruida con un hombre sabio, el trato de aquella no será menos agradable que el de este y puede ser que le exceda en cierta finura, que los hombres casi nunca adquieren. Por lo demás, si se hace el cotejo entre los que han estudiado mucho, y las que nada saben, no habrá que admirar la desigualdad, pero siempre que el caso fuere conforme, la consecuencia no será contraria a las mujeres y este es un testimonio concluyente de que la disposición intelectual es la misma.

18.°— Por fin, el tiempo y la necesidad las había acostumbrado a la esclavitud que sufren en una parte del mundo y a la dependencia a que se sujetan en la otra restante. Las primeras parecen conformes, con que se las despoje del uso de su razón, y las segundas con gozar de ella, aunque desterradas del premio y de la recompensa. La majestad del cetro, la gravedad de la toga, y los trofeos militares, se han ido haciendo unos objetos que se presentaban a la vista de las mujeres, como para admirarlos, mas no para pretenderlos, porque el curso de los siglos había quitado la novedad, que les causaría al principio ver cerradas todas las puertas al honor y al premio. Pero no por eso se han de mostrar insensibles a todos los desaires que quieran hacerles. Ninguno mayor que el nuevo santuario o muro de división que se intenta formar en el día; mas que santuario o muro de división es del que hablamos. Este es la Sociedad económica de Madrid, la cual duda admitir mujeres en su ilustre Asamblea. ¿Por ventura los que se llaman amigos del país podrán alejarlas? ¿Son acaso algunas espías esparcidas por el reino las que puedan dar noticia a los extraños de cuanto se trabaje por su bien? ¿O son tan misteriosos e intrincados los asuntos que se tratan en las sociedades económicas que no puedan entenderlos sino los hombres? Nada de esto hay, pero la importancia del asunto es igual, pues no se trata de menos que de igualar a las mujeres con los hombres, de darles asiento en sus juntas y de conferir con ellas materias de gravedad, cosa que parece fuera de orden y aún disparatada.

19.°— Si este es el motivo de la oposición, también debe serlo suficiente para que las mujeres defiendan su causa, porque en esta ocasión el silencio confirmaría el concepto que de ellas se tiene, de que no se cuidan, ni se interesan en negocios serios. A esta razón, que comprende a todas en general, se agrega la particular para la que escribe este papel, de que ha mucho tiempo tuvo la honra de ser admitida en una de las principales sociedades económicas de este reino, cuya distinción, por el grande aprecio que hace de ella, quisiera ver extenderse a otras muchas de su sexo, para que fuera igual en ambos el empeño de desvelarse en bien de la patria.

20.°— La cuestión, que se trata en la Sociedad Económica de Madrid, sobre conceder o negar la entrada en ella al bello sexo, ha ejercitado las plumas de dos socios tan recomendables por su elocuencia, como por su talento, y aunque los dictámenes son contrarios, no se puede negar que ambos fundan el suyo en razones ingeniosas y bien probadas, pero como cada uno tiene derecho a su defensa, no podrán sentir estos señores, que haya una, o más mujeres que tomen partido en una causa de tanta importancia para todas. La ventaja que llevan los hombres en este particular no es menor que la que va de ser juez a abogado: nuestra sentencia está en sus manos, si se decide que seamos admitidas a sus conferencias, dirán siempre que nos hicieron esta gracia, si nos niegan la entrada, ya se ve cuanta superioridad encierra este procedimiento, pero no por eso hemos de desmayar, mientras no esté concluido el pleito.

21.°— El recomendable socio, que se opone a la admisión de las mujeres, funda su dictamen en que admitidas unas se extenderá la gracia a todas, lo cual será al principio en mucho perjuicio de la Sociedad y al fin podrá causar su ruina. No niega que puede haber alguna, capaz de grandes combinaciones, de una constante meditación, de la constancia y sigilo necesario, pero hace comunes, y propias al sexo la petulancia, los caprichos, la frivolidad, y las pequeñeces. No halla edad, en que puedan ser las mujeres convenientes, porque en la niñez y juventud serían inútiles, y perniciosas; en la vejez, molestas y pesadas. Dice más, que solo irían a aumentar el tumulto, y desorden de las juntas y no a ilustrarlas, porque carecen de principios elementales como necesita este cuerpo. Aún su contribución pecuniaria es despreciada, si supone primero la admisión de esta clase.

22.°— No se puede alabar bastantemente la rigidez de un socio que en medio de la corrupción de que se queja en el siglo presente conserva libre su corazón para juzgar a los dos sexos, sentenciando abiertamente contra el que llama halagüeño. ¡Ejemplo digno de imitación por cierto! Pero si los hombres empiezan a santificarse de esta manera, ¿por qué no los seguiremos en cuanto nos sea posible?

23.°— Es seguro que todas las mujeres no deben ser admitidas en la Sociedad, como tampoco son del caso para ella todos los hombres. Pero supuesto que nuestro impugnador no niega que hay algunas capaces de grandes combinaciones, de una constante meditación, de la constancia y sigilo necesario, sería declarada injusticia confundir a estas en una misma sentencia con las petulantes, caprichosas y frívolas. El elegir y distinguir aquellas de estas toca a los que gobiernan el cuerpo. Señalen leyes estrechas, y precisas y no se aparten nunca de su observancia. Confundir al reo con el inocente, al sabio con el ignorante; es el colmo de la tiranía, y los amigos del país no deben ser nunca sus tiranos. Dígase, por ejemplo, que, si una mujer tuviera las prendas arriba indicadas, o fuere más aplicada que las otras, si presenta a la Sociedad una memoria digna, sobre cualquiera de los puntos que esta abraza, o si hace algún descubrimiento en beneficio del país; en una palabra, dígase, que la que lo merezca será admitida socia, y podrá concurrir siempre que quiera. De este modo, ni los señores que componen la Junta tendrán facultad de admitir sino a las mujeres que lo merezcan, ni estas solicitarán esta distinción como hermosas, ni como petimetras, sino como aplicadas y útiles a la patria. Si lo que ahora las aparta es su continua distracción, y puerilidad, los amigos del país deben trabajar en corregir estos defectos y se remediará el daño. Señalen premios, y estímulos a las mujeres aplicadas y laboriosas: sea uno admitirlas a la Sociedad, y entonces es natural que procuren merecerlo. Mientras no se haga así, y se las considere como un miembro podrido, o separado del cuerpo social, ¿qué progresos pueden hacer? Ya sabemos cuánto influjo tiene en toda la opinión; y así la mala, en que los hombres tienen ahora a las mujeres, es suficiente para mantenerlas siempre en la ignorancia.

24.°— La que sea digna del título de socia, por las razones que acabamos de decir, también sabrá guardar el sigilo que le corresponda, porque el creer que todas las mujeres son habladoras e indiscretas tiene muchas y muy justas excepciones. Baste reflexionar de paso que, sin entrar a las deliberaciones de los tribunales, de los consejos, de las academias, ni sociedades no hay conferencia en todos estos cuerpos por secreta que sea, que no llegue a divulgarse, citando muchas veces hasta los sujetos que fueron de este dictamen o del otro. No son seguramente aquellas las que revelan estos misterios de estado, o de gobierno, o de política, en que no intervienen. Siendo pues, los hombres los que los publican, no digamos, que el sigilo es un carácter distintivo de su sexo. Por el contrario, se pudieran citar tantos o más ejemplos de la sabiduría, prudencia y valor de las mujeres, como de su constancia en guardar secreto, pero son tan obvios, que cualquiera lo sabe. Yo diría, que siendo este un efecto regular de la discreción, la persona en que esta se halle, sea hombre o mujer, sabrá guardarle. Con que, si la Sociedad atiende a las calidades, que se han dicho para admitir mujeres, no debe dudar que añadirá a ellas la de la prudente reserva, quizá mejor que los hombres, quienes, o por la emulación de los empleos, o de los talentos, refieren lo ocurrido a sus juntas.

25.°— Pensar que la concurrencia de las mujeres sería perniciosa por los vicios que introducirían en las costumbres de los socios es una suposición harto fatal para ambos sexos. Es digno de alabanza el celo del que quiere desterrar al vicio y evitar su general comunicación, pero no pretendamos imposibles. ¿Acaso la modestia, y retiro de las antiguas, que tanto se alaba las libró de los asaltos de los hombres? Buen ejemplo tenemos en las historias sagradas y profanas, y en las costumbres de nuestros mayores ¿Cuándo han sido más frecuentes los homicidios, los asesinatos, las violencias, y los raptos que cuando las mujeres estaban encerradas y guardadas con candados? A otros tiempos han sucedido otras costumbres no podemos decir mejores, pero no será difícil probar en buena filosofía que, si las dificultades aumentan los deseos, la facilidad los amortigua. Es constante que a hombres y a mujeres convendría vivir enteramente separados, pero debiera ser esta separación total, y para siempre mientras esto no se consiga, y queden como ahora sucede, mil motivos de juntarse, no digamos que el añadir uno tan digno, sea la destrucción del género humano. Las juntas de la Sociedad necesariamente se han de componer de muchos y entre muchos no hay peligro de disolución. El recato no se ha extinguido, como se extinguen otras virtudes: todos quieren parecer buenos aunque no lo sean, y esto conserva la debida decencia en las concurrencias. Con que, si en otras no hay abuso, ¿por qué lo habría en esta? ¿Es posible que los hombres que allí asisten a tratar del bien común se habían de trocar en un instante en libertinos? ¿No hay freno, ni respeto en tales asambleas? Mas siendo cierto que lo hay, no debe temerse más peligro que el que se advierte en todas las ocasiones que tienen de verse los hombres y las mujeres; cuyo peligro no las prohíbe absolutamente juntarse algunas veces, y porque el vicio de un particular no debe ni puede destruir el bien general. Luego, si las mujeres pueden ser útiles de alguna manera a la Sociedad, no hay razón para separarlas de ella por un inconveniente remoto que no impide otras juntas semejantes.

26.°— Ni tampoco lo será el pretender que carecen de conocimientos elementales, en las materias de que tratan las sociedades. Yo quisiera saber, cuantos de los hombres que a ellas concurren, tienen estos conocimientos elementales y con todo asisten y dan su voto. Los puntos que abraza la Sociedad son casi todos de hecho, porque cotejar entre las obras del extranjero y nuestras para ver lo que se puede adelantar y decidir sobre las manufacturas que se presentan son cosas que cualquiera que tenga ojos y una mediana razón sabrá entenderlas; hacer nuevos inventos en las artes, perfeccionar los conocidos, estimular a los fabricantes, labradores, y artesanos a que trabajen con ventaja, y con perfección, calcular lo que falta en un país, y traerlo de otro en cambio de su sobrante por medio de un sabio comercio, aunque son cosas que piden meditación y noticias, no son materias tan abstractas, que no las pueda comprender la mujer que tenga talento regular. Basta que haya en la junta quien sepa proponer estas especies con orden, claridad y distinción, para que las entiendan los demás.

27.°— Cuando se erigieron las sociedades económicas, pocos eran los que sabían qué asuntos podían pertenecerles. Aun así, muchos se alistaron a ciegas, llevados más de la curiosidad que produce un establecimiento nuevo y de la gloria de ver alistados sus nombres con otros que tenían por ilustres, que movidos por el amor a la patria ni deseo de su felicidad. Enterados con el tiempo del objeto de estos establecimientos, unos se aplicaron a estudiar estas nuevas materias y otros dejaron de concurrir, desacreditando lo que no entendían, pareciéndoles esto más fácil, que instruirse. Sin embargo, en todas las sociedades ha quedado un número competente de individuos que no tienen los principios elementales que desea el ilustre socio que se opone a la admisión de las mujeres por esta ignorancia. Pero aún concedida esta, comparada con la de algunos hombres, pudieran tener preferencia las mujeres, por la mayor facilidad con que se imponen en los asuntos y por los primeros pensamientos oportunos que suelen tener para resolver con ventaja ciertas dificultades.

28.°— Si hubo vicio en los que se alistaron en las sociedades sin la debida instrucción para ser útiles en ellas, también le hubo en los cuerpos que admitieron a todos indistintamente, por acumular fondo de caudales, ya que no de luces. Esta pobreza de los cuerpos patricios clama por el remedio, pero mientras no le haya por otros arbitrios, los obliga a aumentar el número de contribuyentes, sin examinar su mérito por otras circunstancias. Pero aun en esta clase, no le parece al socio nuestro impugnador, que pueden ser útiles las mujeres. Yo diría que, si por otras razones es conveniente su admisión, contribuyen también con sus caudales. Los caudales que ahora se grita que disipan en el lujo y en la vanidad, procúrese que los apliquen en utilidad común, lo cual podrá verificarse siempre que se haga tomar interés por la patria, y por el estado.

29.°— El lujo es excesivo, y las mujeres lo ocasionan: esto no admite duda. Pero cuánto mayor es un desorden, tanto más preciso es poner el remedio. Vemos que no bastan a ponerle las vehementes declamaciones de los predicadores, las sabias providencias del gobierno, la pobreza de las familias, y la dificultad de los matrimonios, ¿quién sabe si sería más eficaz que todos estos el interesar a las mujeres en el bien de la patria? Esto se conseguía, llamándolas a la sociedad de los amigos del país. Allí verían cómo se desvelan unas gentes acomodadas y empleadas en otros negocios, por la prosperidad de sus compatriotas. Verían que, si premian al comerciante, al labrador, al fabricante, y al artesano, es para estimular a todos y para que florezca en España el comercio, la agricultura, las fábricas, y las artes; con tales ejemplos no podrían mirar después con indiferencia la causa común.

30.°— El objeto de las sociedades no puede ser más justo, pero para que tengan el complemento que desean son menester dos cosas. La primera, que los unos se apliquen a trabajar y perfeccionar sus labores; la segunda, que estos trabajos y labores tengan despacho, porque de otra suerte ninguno quiere atarearse en hacer lo que después no ha de vender. Si se pretende dar fomento a nuestras artes y fábricas, es necesario que nos contentemos con lo que aquí se trabaja. Al principio se hará violento tomar lo menos vistoso y de peor gusto, dejando los géneros extranjeros que exceden en ambas calidades; pero si no empezamos por este sacrificio del gusto ofrecido en las aras del amor patriótico, nunca florecerán nuestras labores. ¿Y estas labores que ha introducido y a que da valor el lujo no son generalmente las que forman el adorno de las mujeres? Pues a estas conviene interesar para que se adornen a menos costa o sus caudales no redunden a beneficio del extranjero, vistiéndose de géneros del país. Su concurrencia a la sociedad podrá inspirarles estas máximas, ventajosas al Estado: allí oirán los perjuicios que acarrea su extremado lujo, y los medios de evitarlo. Hay que pedirles que contribuyan a la patria con sus luces, con sus manos y con sus caudales. No duden los hombres que todo esto ofrecerán las mujeres, si ellos les dan parte en sus resoluciones y las estimulan a pensar en el bien general que tanto muestran que apetecen.

31.°— Otro socio igualmente que el primero por su mérito, y circunstancias, ha escrito aprobando la admisión de las mujeres en la sociedad. Dice que el pensamiento no es nuevo, que se suscitó desde los principios y que tuvo patronos ilustres, pero que a pesar de esto no tuvo efecto por entonces, esto es, no se resolvió con la formalidad que pedía la materia. Encarece el mérito de las dos señoras que han sido ya admitidas. Indica las reglas que se deben seguir para la admisión de otras, mediante las cuales no parece que se puede temer ningún desorden en este punto. No aprueba que una vez admitidas se les cierre la entrada a las juntas y concluye con aprobar que su asistencia es conveniente a la sociedad, y a las mismas mujeres; a estas, porque las anima a emplear bien sus talentos y a aquella porque le suministra un aumento de luces y de caudal, que se invierta en sus loables fines.

32.°— A la verdad, es digno de perpetuo reconocimiento de parte de las mujeres el ilustre socio que se ha atrevido a tomar su defensa. Las razones en que la funda, y la delicadeza de su estilo, todo tiene un mérito muy particular. Las gracias más enérgicas que podemos darle son trabajar por ponernos en el caso que desea para hacer justa nuestra admisión, la cual nosotras mismas debemos anhelar que solamente se conceda al mérito, a la aplicación, y a la virtud.

33.°— Después de un apologista tan digno, debe parecer fría cualquiera otra defensa en favor de las mujeres, pero este temor no me ha desanimado, antes me confirma en la bondad de la causa, porque sola esta razón pudiera arrastrar a protegerla al socio que nos defiende y a los sujetos que fueron del mismo dictamen, cuando a los principios se propuso. Grandes son sin duda las calidades de las dos señoras que ha admitido la Sociedad de Madrid[105], por lo tanto merecen ser las primeras y las que han obligado a salvar la ley no promulgada todavía en favor de su sexo, pero extiéndase también a otras, que tengan las calidades ya mencionadas. Para la Sociedad deben serlo además de todo lo expuesto en este papel, la mayor inteligencia, que tienen las mujeres respecto de los hombres en varias materias que se le presentan cada día, y que deben promover como importantes al bien general. Tales son los hilados, los tejidos, los encajes y todas las labores propias del bello sexo. Todos estos ramos será casualidad que los entiendan algunos de los hombres y deben saberlo todas las mujeres. Unidos unos y otros en una junta, al que preside toca emplear a cada uno en los que entienda. No será

105 Se refiere a María Isidra de Guzmán y de la Cerda (1767-1803) y a María Josefa Alonso Pimente y Téllez-Girón, duquesa de Osuna (1752-1834).

menester más para rectificar muchas cosas, porque felices fueran las artes, si solo tratasen de ellas los artífices.

34.°— Concluyamos, pues, de todo lo dicho que si las mujeres tienen la misma aptitud que los hombres para instruirse; si en todos tiempos han mostrado ser capaces de las ciencias, de la prudencia, y del sigilo; si han tenido y tienen las virtudes sociales; si su aplicación puede ser conveniente a ellas mismas y al Estado; si puede ser un remedio a los desórdenes que tanto se gritan, el aplicarlas a los asuntos que comprende la Sociedad; si el peligro, que amenaza a esta de su concurrencia es remoto; y aun este puede precaverse, no admitiendo sino a las que sean verdaderamente dignas de ello; si no es nuevo en el mundo que intervengan a las deliberaciones; si actualmente ocupa una mujer la presidencia de las ciencias en una corte de Europa, que es más que sentarse como individuo en un cuerpo, las materias que trata nunca son tan abstractas; y si en fin se trata de hacerlas amigas del país, lo cual sería en mucha utilidad este, con tales hipótesis, lejos de ser perjudicial la admisión de las mujeres, puede y debe ser conveniente.

Zaragoza, 5 de junio de 1786

II.
La Junta de Damas: unidas a la luz de la razón

Estatutos de la Junta de Damas de Honor y Mérito de la Sociedad Matritense de Amigos del País[106]

TÍTULO I. DE LA JUNTA Y DE SUS INDIVIDUOS EN GENERAL

I. La Junta de Socias de Honor y Mérito de la Sociedad Económica de Madrid constará de indeterminado número de socias.

II. Su instituto es establecer y radicar la buena educación, mejorar las costumbres con su ejemplo y sus luces, introducir el amor al trabajo y fomentar la industria.

III. Para ser socia es necesario una buena educación y conducta, con instrucción notoria en los objetos del instituto.

106 Pese a que su fundación tuvo lugar el 27 de agosto de 1787 por una real orden de Carlos III, los estatutos de la Junta de Damas de Honor y Mérito, vinculada a la Sociedad Matritense de Amigos del País, no fueron aprobados hasta mayo de 1794.

IV. El deseo de serlo lo han de manifestar en memorial a la Junta, dirigido por mano de la secretaría.

V. Acordada la admisión por la Junta, y confirmada por la Sociedad, se pasará aviso a la agraciada, con el título de socia, un ejemplo de estos estatutos, y de los de la Sociedad.

VI. Desde entonces podrá asistir a las sesiones de la Junta, y a las de la Sociedad, según la acomode.

VII. Asimismo podrá proponer de palabra o por escrito todo pensamiento útil.

VIII. Las ausentes ejecutarán los experimentos, y comunicarán las noticias que se les encarguen.

IX. Las memorias que las socias quieran presentar o dirigir a la Junta se imprimirán sueltas, o en la colección de la Sociedad a la letra, o en extracto, según se determine.

X. Cada socia contribuirá con ciento y sesenta reales de vellón al año.

XI. Ninguna solicitará certificación de servicios hechos en la Sociedad para obtener fuera de ella el premio, pues la estimación de sus consocias y del público han de ser su única recompensa.

TÍTULO II. DE LAS SESIONES

I. La Junta celebrará de ordinario sus sesiones los viernes de todas las semanas.

II. En los meses de enero, febrero, marzo, octubre, noviembre y diciembre empezarán a las cinco: en los demás meses a las seis, y en todo tiempo durarán dos horas.

III. El orden de los asientos será según vayan llegando las socias, colocándose la presidenta a la testera, la censora y la secretaria a sus dos lados en mesa traviesa y la vicepresidenta a la cabeza del banco derecho.

IV. Se dará principio por la lectura y ratificación del acta antecedente, la cual se llevará en minuta por si hubiere algo que advertir o enmendar en ella. Ratificada el acta, se leerán a la letra las órdenes, informes, y demás papeles de que se haya de dar cuenta a la Junta: y por el mismo orden se irá acordando la dirección que se les ha de dar o se procederá a su examen.

V. Ratificada el Acta, se leerán a la letra las ordenes, informes, y demás papeles de que se haya de dar cuenta á la Junta: y por el mismo orden se irá acordando la dirección que se les ha de dar 9 o se procederá á su examen.

VI. Cada socia leerá y después dejará en la secretaría el papel que haya escrito; en inteligencia de que ningún discurso ni proyecto se imprimirá y adaptará o ejecutará y sin que antes lo revean dos comisionadas, y expongan su dictamen, oyendo antes a la que le haya escrito.

VII. La Junta no violentará la opinión ajena, dejando en las materias opinables a cada una la libertad de discurrir, guardada modestia y orden.

VIII. Siempre que cualquier dictamen o propuesta tuviera una contradicción sostenida por alguna o por diversas socias se procederá a explorar la opinión o voluntad de la Junta por medio de la votación.

IX. Se pondrá por escrito con la posible exactitud y se leerá tres veces la proposición que haya de votarse y su contradictoria, y cada vocal adherirá precisamente a la una o a la otra, a no ser que en particular forme o siga algún voto distinto.

X. Las votaciones se harán en público excepto en los dos casos de admisión de socias, y elección de oficios, que se ha de proceder por escrutinio.

XI. Nunca pasará por acordada proposición alguna si no ha reunido a su favor un número de votos excedente a la mitad de las socias que hayan concurrido a la Junta.

XII. En las actas se especificarán por su orden las principales razones con que se haya apoyado, o contradicho todo acuerdo hecho por votación.

XIII. Cualquier socia podrá exigir se inserte en los acuerdos su voto particular; pero lo ha de entregar por escrito y firmado, exponiendo las razones en que se funda, y haciéndose cargo de las que hayan tenido las demás para la opinión diferente, o contraria.

XIV. En ninguna sesión se podrá revocar o reformar el acuerdo de otra, a menos que no se ofrezcan de nuevo razones evidentemente destructivas de las que le motivaron, calificadas de tales por el voto de las dos terceras partes de socias concurrentes.

XV. Ninguna podrá interrumpir el discurso de otra.

XVI. Cuando alguna tuviera interés personal en el asunto que haya de tratarse, hará lugar a la deliberación de la Junta.

XVII. El memorial que cualquiera presente con el objeto de ser socia se leerá en la primera Junta; y la votación se prorrogará a la inmediata, bajo la regla inalterable de que no tendrán voto las que no asistieron a la primera lectura.

XVIII. Si ocurriese cosa extraordinaria y urgente, tendrá facultad la presidenta para citar a su posada a la censora, secretaria y seis socias más antiguas de las que asistieron a la última junta y con obligación de informar por escrito en la inmediata del caso ocurrido y su resolución.

TÍTULO III. DE LOS OFICIOS Y ELECCIONES

I. Habrá siempre una presidenta, una censora y una secretaria con sus respectivas substituías, que se elegirán por votación libre de la Junta.

II. A las elecciones precederá formal convocatoria de todas las socias que puedan tener voto.

III. No tendrá voto activo ni pasivo en las elecciones de la Junta ni de la Sociedad la que no haya asistido en todo el año a doce sesiones.

IV. En el acto de la elección se entregarán a cada socia los nombres impresos de cuantas puedan tener voto con exclusión del suyo: todas elegirán, según su voluntad, poniendo secretamente su voto en la urna.

V. La presidenta contará las papeletas recogidas y, hallando tantas como vocales, las irá leyendo una a una en voz alta anotándolo la secretaria: quedará elegida la socia que al primer escrutinio haya reunido a su favor más de la mitad de los votos; pero si ninguna obtuviera esta pluralidad, se procederá a segundo escrutinio por bolas, entrando solamente en él las dos que hayan juntado mayor número de votos, y en cualquier caso de empate decidirá la suerte.

VI. En las listas se incluirán siempre por punto general las socias cesantes en sus oficios, porque podrán ser reelegidas.

TÍTULO IV. DE LA PRESIDENTA

I. A la presidenta corresponde empezar y disolver las juntas, mantener en ellas el orden, distribuir los encargos y comisiones, e indicar la dirección que deba darse a los negocios.

II. Siempre que la presidenta nombre alguna comisión respectiva a escuelas, deberán ser comprehendidas en ella algunas curadoras.

III. También es de su cargo animar las tareas del cuerpo, para lo que se la considera individuo nato de todas las comisiones.

IV. Cuidará de que se cumplan exactamente los acuerdos.

V. No permitirá que se turbe la buena armonía de la Junta con personalidades en las conferencias, sino que impondrá silencio, el que se observará inviolablemente.

VI. Cuando se haya conferenciado suficientemente sobre cualquier asunto resumirá su estado, y fijará las proposiciones para la votación.

VII. Será siempre la última que vote en público; y en caso de dividirse los votos de la Junta en dos partes iguales, la que comprehendiera el suyo, se considerará como excedente a la otra.

VIII. Asistirá precisamente a las sesiones a la hora señalada, o se excusará antes por escrito.

IX. En la junta anterior a la de elecciones, presentará una memoria instructiva, en la que exponga el estado que tenían los asuntos de la Junta al tiempo de aceptar el oficio: los proyectos, empresas y operaciones que se hayan ejecutado en el año, y el estado en que lo deja todo: de suerte que pueda formarse una justa idea de cuanto se haya hecho, o quede por hacer.

X. En las ausencias y enfermedades de la presidenta, recaerán todos sus derechos y obligaciones en la vicepresidenta; y a falta de ambas, presidirá la socia más antigua, a excepción de la censora y secretaria por razón de sus empleos.

XI. La presidencia durará un año.

TÍTULO V. DE LA CENSORA

I. A la censora pertenece cuidar de la observancia de los estatutos y de los acuerdos de la Junta, y de que cada socia cumpla con sus oficios y comisiones.

II. También tendrá un libro en que vaya anotando cuantos encargos se confiriesen en las juntas y hará presente cualquier olvido, o transgresión que advierta.

III. Durante la junta irá anotando los acuerdos en una apuntación, que servirá para extender después el acta.

IV. Los asuntos puramente gubernativos no se podrán resolver sin oír su dictamen y reducido precisamente a mostrar la conformidad de ellos o su disonancia con los estatutos.

V. En ningún caso ha de dar consejo, pero ha de oponerse y reclamar toda determinación que directa o indirectamente sea contraria a los estatutos.

VI. Nunca ha de votar en asunto en que haya dado dictamen.

VII. Conforme las señoras vayan completando el número de doce asistencias, las irá notando en una lista, la cual deberá confrontarse con otra que presentará la secretaria en la junta anterior a la de elecciones, anunciando las que han de tener voto.

VIII. Será de un año la duración de este empleo.

TÍTULO VI. DE LA SECRETARIA

I. Será obligación de la secretaria dar cuenta a la Junta de todo cuanto ocurra, leyendo por sí las órdenes y papeles de oficio, como también los informes y memorias de las socias que no se hallen presentes.

II. Debe también extender las actas, pasarlas ratificadas por la Junta a la confirmación de la Sociedad, y cuidar después de que se vayan copiando en libros con las notas marginales que se ofrezcan.

III. Será la persona por donde se explique la voluntad de la Junta; en cuyo concepto seguirá la correspondencia con el ministerio y los tribunales y con todos los cuerpos y personas de dentro y fuera de la Sociedad.

IV. Cuando escriba de oficio empezará con la palabra, y acabará con firma rasa, habiendo de incluir precisamente en los papeles copia literal de los acuerdos a que se refieran.

V. Los títulos de socias expedidos por la secretaría de la Sociedad se dirigirán a las interesadas por mano de la secretaria.

VI. Podrá desde luego remitir los papeles de aviso, recuerdos y demás encargos correspondientes a la expedición de negocios acordados en Junta, sin aguardar la ratificación del acta.

VII. Llevará una apuntación de las asistencias de cada socia a las sesiones de la Junta, y con arreglo a ella presentará en la anterior a la de elecciones, la lista de aquellas solas que deban tener voto.

VIII. Antes de las sesiones públicas de la Sociedad, presentará a la Junta una puntual relación razonada de los trabajos hechos o acordados por las socias desde la sesión última y la cual, aprobada por la Junta, se remitirá a la Sociedad para que se lea.

IX. En esta relación hará mención honrosa de las socias difuntas, a quienes particularmente no se haya acordado elogio.

X. No dará otras certificaciones sino las que específicamente acordara la Junta, y sean leídas y aprobadas por ella. Cuidará de pasar los papeles a la secretaría, hasta que haya número suficiente para que se archiven.

XI. Cuidará de pasar los Papeles a la Secretaría , hasta que haya número suficiente para que se archiven

XII. Presentará cada semestre una relación firmada de los gastos de escritorio, los que se pagarán del fondo de la Sociedad.

XIII. En sus ausencias y enfermedades hará sus veces la sustituta; y a falta de ella la socia que habilite la que presidiera la Junta, habiendo de ir siempre firmadas las actas de la que hubiera actuado los acuerdos; pero la secretaria pondrá los oficios y papeles que resulten de ellos.

XIV. A cualquier socia que pida algún papel, se le entregará la secretaria bajo su recibo.

XV. El oficio de secretaria durará tres años.

TÍTULO VII. DE LAS COMISIONES EN GENERAL

I. Se entiende generalmente por comisión o encargo de la Junta todo cuanto se debe hacer a nombre de ella, y a que no puede concurrir en cuerpo o que por su naturaleza requiere terminarse por una o por pocas personas.

II. Si algunas socias fueran nombradas para cualquier diputación o comisión, aun cuando sea verbal, traerán por escrito la resulta, y la leerá la más antigua, habiéndose después de copiar a la letra en el acta, y guardarse en la secretaría.

III. Las principales comisiones son las que se dirigen a la constante observancia del Instituto, conviene a saber, las que tienen por objeto la educación en general, la enseñanza práctica en las escuelas, y el socorro de las necesidades, conciliado con el fomento de la industria popular.

TÍTULO VIII. DE LAS COMISIONES DE EDUCACIÓN

I. Habrá dos comisiones permanentes, cuyo objeto será la educación de las mujeres, la una se ocupará con respecto a la parte moral, y la otra con respecto a la física.

II. Todas las socias se adscribirán por su propia elección a una de las dos comisiones.

TÍTULO IX. DE LAS ESCUELAS

I. Cada una de las escuelas de la Sociedad estará al cargo de una socia curadora; y a falta de esta por ausencia o enfermedad, se nombrará precisamente una interina.

II. En cada escuela habrá una maestra y una ayudanta bien instruidas en sus respectivas labores.

III. Las que pretendan ser maestras presentarán memorial a la Junta, y se sujetarán a un examen público, pero no serán admitidas a él sin que antes se tomen informes reservados de su buena conducta.

IV. Los exámenes se harán ante la Junta con asistencia de los oficiales de la Sociedad, y dos individuos de cada una de las clases de Agricultura, Industria y Oficios.

V. La preferencia para la elección se fundará únicamente en la mayor habilidad; y en igualdad de mérito, se dará a las que hayan sido ayudantas.

VI. En el nombramiento de ayudantas se observarán las mismas formalidades que en el de maestras siendo en igualdad de condiciones preferidas las discípulas de las escuelas que no bajen de 15 años.

VII. Las maestras y ayudantas estarán subordinadas a las curadoras respectivas, sopena de ser excluidas por la Junta.

VIII. En cada escuela se destinará un maestro de leer y escribir con la obligación de enseñar la doctrina cristiana, nombrado por la Junta y amovible a su voluntad.

IX. Los memoriales o representaciones que las maestras y las ayudantas hagan a la Junta en cualquier tiempo vendrán por mano de sus respectivas curadoras a menos de quejarse de ellas mismas, en cuyo caso se dirigirán precisamente por la presidenta, la cual dará cuenta en la sesión próxima, en inteligencia de quedar reservado a las suplicantes el derecho de presentarse a dar en persona sus quejas a la Junta, siempre que se haya ocultado o suprimido su representación.

X. Los gastos de escuelas se pagarán por la Sociedad en la forma que convenga a la Junta y a la Sociedad, pero siempre de un modo uniforme en todas las escuelas.

XI. Todas las curadoras darán su cuenta a fin de cada año académico.

XII. Para cada una de las escuelas actuales, y las que en lo sucesivo se establezcan en Madrid y en lugares de la provincia al cargo de la Junta, habrá un reglamento aprobado por la Sociedad en que se determinen con la posible exactitud las distintas labores que hayan de enseñarse, como hilar, tejer, coser, bordar, y el plan de la enseñanza; los premios debidos a la mayor aplicación, y el sistema de economía y contabilidad.

XIII. Las curadoras harán presente a la Junta cualquier innovación que juzguen conveniente en sus escuelas respectivas, con lo demás que les dictara su celo y experiencia para formar en ellas ciudadanas virtuosas.

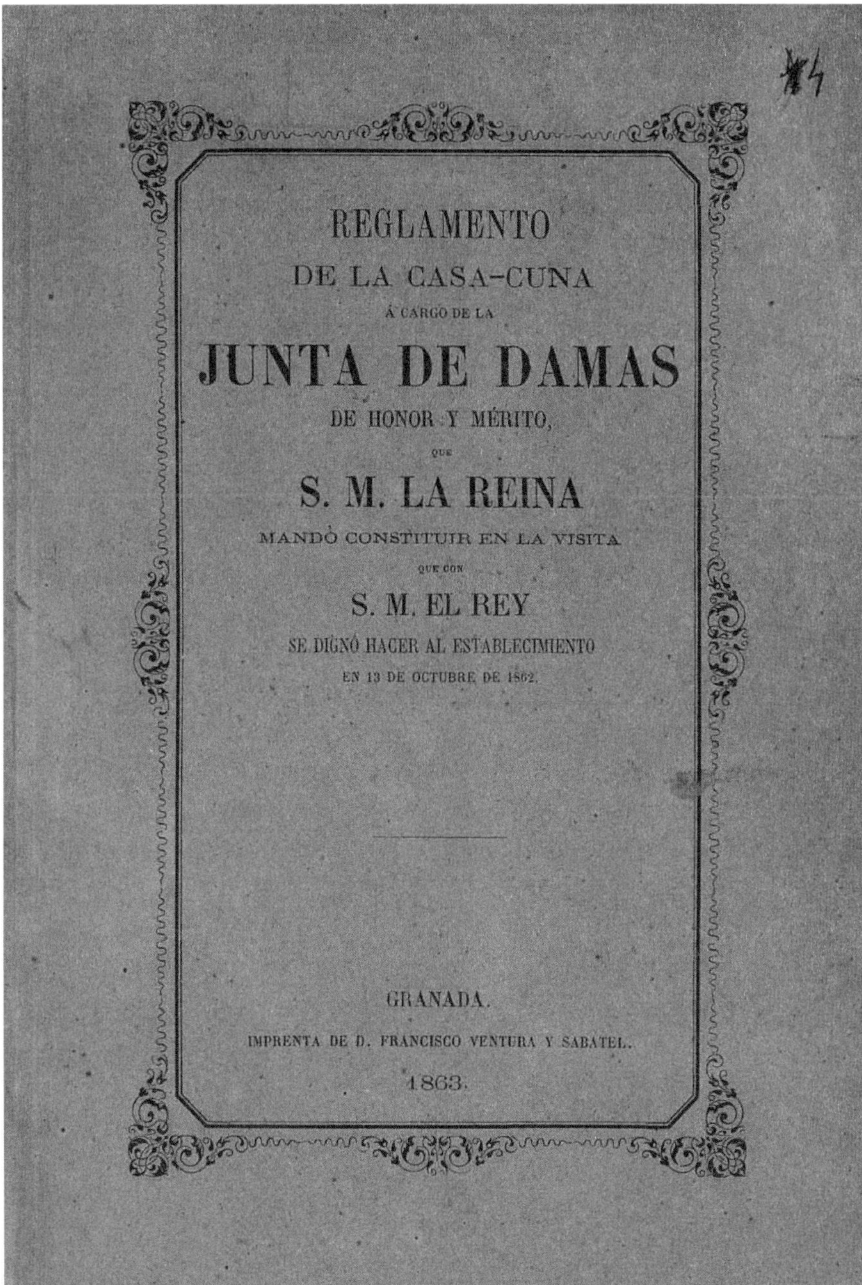

REGLAMENTO

DE LA CASA-CUNA

Á CARGO DE LA

JUNTA DE DAMAS

DE HONOR Y MÉRITO,

QUE

S. M. LA REINA

MANDÓ CONSTITUIR EN LA VISITA

QUE CON

S. M. EL REY

SE DIGNÓ HACER AL ESTABLECIMIENTO

EN 13 DE OCTUBRE DE 1862.

GRANADA.

IMPRENTA DE D. FRANCISCO VENTURA Y SABATEL.

1863.

TÍTULO X. DE LA OBSERVANCIA DE ESTOS ESTATUTOS

I. No se podrá alterar ni derogar ningún estatuto sin preceder acuerdo de la Junta de señoras convocada formalmente al intento y observarse además las mismas solemnidades con que haya recibido su sanción.

II. Será muy circunspecta la Junta en alterar o variar sus leyes; y cada socia de por sí escrupulosa en ajustarse exactamente a lo que ellas disponen, y en cumplir con sus cargas sin omisión ni tergiversación.

Bibliografía sumaria

Aguilar Piñal, F. (2005). La España del absolutismo ilustrado. Espasa-Calpe.

Aldis, J. (1905). *Madame Geoffrin, her Salon and her Times,1750-1777.* Methuen & Co.

Arendt, H. (2000). *Rahel Varkhagen.The life of a Jewish woman.* The John Hopkins University Press.

Bebbington, W. G. (1962). «*Blue-Stocking*». *An English Handboo.* Schofield & Sons Ltd.

Beckett, J. V. (1986). *Elizabeth Montagu: Bluestocking Turned Landlady.* Huntington Library.

Betri, M. L. y Brambilla, E. (2004). *Salotti e ruolo femminile in Italia. Tra fine del Seicento e i primi del Novecento.* Marsilio.

Blanc, O. (2006). Cercles politiques et salons du début de la Révolution (1789-1793). *Annales Historiques de la Révolution Française, 2,* 63-92.

Boluger Peruga, M. (1998). *Mujeres e Ilustración: la construcción de la feminidad en la Ilustración española. Institució Alfons el Magnànim.*

Cherpak, E. (1985). *Las mujeres de la Independencia. Norma Grupo Editorial.*

Capel Martínez, R. M. (2006). Las mujeres de la Matritense: un ejemplo de asociacionismo ilustrado. *Asparkía, 17,* 19-38.

Cidade, H. (1929). *A Marquesa de Alorna. Sua vida e obras.* Comp. Porto Editora.

Craveri, B. (1992). *Madame de Defant y su mundo.* Siruela.

Craveri, B. (2020). *La cultura de la conversación.* Siruela.

Demers, P. (1996). *The World of Hannah More.* University of Kentucky Press.

Dobre, C. E. (2019). El salón, un oasis cultural para la emancipación femenina en el Romanticismo alemán. En *La actualidad del primer Romanticismo alemán.* Ediciones Científicas de la Universidad de Catamarca.

Eger, E. (2010). *Bluestockings: women of reason from Enlighttenment to Romanticism*. Palgrave Macmillan.

Eger, E. (2008). *Brilliant Women: 18th-Century Bluestockings*. Yale University Press.

Fernández Quintanilla, P. (2017). *La duquesa de Osuna: una ilustrada en la corte de Carlos III*. Doce Calles.

Fernández Quintanilla, P. (*1998*). *La mujer ilustrada en la España del siglo XVIII. Ministerio de Cultura.*

Fernández Quintanilla, P. *Los salones de las madrileñas «damas ilustradas» del s. XVIII.*

Guzmán Polanco, M. (2006). *Manuela Cañizares, la heroína de la Independencia del Ecuador*. Comisión Nacional Permanente de Conmemoraciones Cívicas.

Hall, E. B. (1969). *The Women of the salons, and other French portraits*. Books for Libraries Press.

Harnon, M. (2010). *Madame Geoffrin*. Fayard.

Haster, E. (2004). *Julie Bondeli und die Zeit der Freiheit*. Nagel & Kimche.

Hertz, D. (2005). *Jewish High Society in Old Regime Berlin*. Syracuse University Press. Heyden-Rynsch, V. (1993). *Salons européens. Les beaux moments d'une culture féminine disparue*. Gallimard.

Heyden-Rynsch, V. (1998). *Los salones europeos: las cimas de una cultura femenina desaparecida*. Península.

Horta, M. T. (2011). *As luzes de Leonor*. Dom Quixote.

Kale, S. (2004). *French Salons, High S ciety and Political Sociability from the Old Regime to the Revolution of 1848*. The Johnson Hopkins University Press.

Lechas, A. (2001). Madame de Montehermoso. Marquise des plaisirs et dame de Carresse. Atlántica.

Leduc, E. (2020). *Les salonnières*. Editios Complicités.

Leizing, M. (1986). Teresa Margarida da Silva e Orta and the Portuguese Enlightenment. *Studies in Eighteenth Culture, 2*, 111-125.

Lilt, A. (2005). *Le Monde des salons. Sociabilité et mondanité à Paris au XVIII siècle*. Fayard.

López Cordón, M. V. (2018). *Condición femenina y razón ilustrada: Josefa Amar y Borbón*. Publicaciones de la Universidad de Zaragoza.

Lopo de Carvalho, M. J. (2022). *Maruesa de Alorna*. Bis Livreiros.

Lougse, C. C. (1976). *Le Paradis des femmes: women, salons, and social stratification in seventeenth-century France*. Princeton University Press.

Luli, G. (1985). *La presenza femminile neu salotti letterari in Toscana tra 800 e 900. Croniques italiennes. Editions Universitaires, 2004, 176-186.*

Mambelli, A. M. *Il settecento è donna*. Edizioni del Girasole.

Mena Marqués, M. (2007). *La duquesa de Alba, musa de Goya. Mito e historia.* El Viso.

Micale, A. (2001). *Salones, tertulias y mujeres de la élite criolla latinoamericana.* Universidad del Congreso.

Myers, S. (1990). Harcstark.*The Bluestocking Circle: Women, Friendship and the Life of the Mind in Eighteenth-Century England.* University Press.

Orozco Acuaviva, A. (1977). *La gaditana Frasquita Larrea, la primera romántica española.* Servicio de Publicaciones del Ayuntamiento de Jerez de la Frontera.

Pieretti, M. (2004). Margherita Sparapani Gentili Boccapaduli. Ritratto di una gentildonna romana (1735-1820). Donne a Roma. Ruoli sociali, presenze pubbliche e vite private. Rivista Storica del Lazio, *2001*, 81-137.

Pizzagalli, D. *L'amica Clara Maffei e il suo salotto nel Risorgimento.* Rizzoli.

Queralt del Hierro, M. P. (2016). *As mulheres do marqués de Pombal.* A Esfera dos Livros.

Queralt del Hierro, M. P. (2023). Marquesa de Alorna, o saber do Iluminismo. En *Poderosas. 25 mulheres que mudaram a historia de Portugal* (pp. 113-121). A Esfera dos Livros.

Richard, P. (2013). *Lettres et papiers de famillie de Mme. du Defant et Julie de Lespinasse.*

Robinson, J. (2010). *Bluestockings: The Remarkable Story of the First Women to Fight for an Education.* Penguin Random House.

Sánchez de Thompson, M. (2009). *Intimidad y política.* Editorial Adriana Hidalgo.

Sáenz Quesada, M. (1972). *Salones: el alma de las mujeres en Argentina.* Suplemento de Cultura de La Nación.

Sosa de Newton, L. *Diccionario biográfico de mujeres argentinas.* Editorial Plus Ultra.

Spiel, H. (1991). *Fanny Von Arstein, daughter of tge Enlightement.* Berg Publishers Ltd.

Tarragona, R. (2013). *Josefa Morales de los Ríos, la amiga secreta de San Martín.* Ed. Sudamericana.

Venturini, M. (2000). *I salotti romani di inizio Novecento. Un nuovo modello di sociabilità.* Adi Editores.

Viguerie, J. (2007). *Filles des Lumières: femmes et sociétés d'esprit à Paris au XVIIIe siècle.* Dominique Martin Morin Editions.

VV. AA. (2001). *Casa Castellarnau. Familia, història i art a Tarragona.* Bibliòfils de Tarragona.

VV. AA. (2011). *Madame Geoffrin: une femme d'affaires et d'esprit.* Silvana Editoriale.

VV. AA. (1976). La Condesa de Montijo, una mujer al servicio de las Luces. Fundación Universitaria Española.

Índice onomástico

* Solo se consignan aquellos nombres femeninos que tengan relevancia en el texto.